# TAFELN *mit* SISI

Fr. Hanfstaengl fec.
1853.

INGRID HASLINGER

# TAFELN *mit* SISI

## Rezepte und Eßgewohnheiten der Kaiserin Elisabeth von Österreich

Mit 75 Abbildungen, davon 38 in Farbe

Photographien aus der Silberkammer von
Marianne Haller und Tina King
Photographien aus dem Haus-, Hof- und Staatsarchiv von
Udo Otto

Vorwort von Peter Parenzan

VERLAG CHRISTIAN BRANDSTÄTTER · WIEN–MÜNCHEN

*Meinen Eltern in Dankbarkeit gewidmet*

*Abbildung Seite 2:
Elisabeth, Prinzessin in Bayern; Lithographie von Leo Schoeninger, 1853, nach einem Gemälde von Friedrich Dürck, 1853.*

*Rechts:
Elisabeth als Verlobte mit sechzehn Jahren. Anonymes Gemälde. 1853/54*

# *Inhalt*

## *Vorwort*

Kaiserin Elisabeth und Essen? Hörte oder las man da nicht eher etwas von grausamen Fastenkuren und Eßstörungen? Nun, dies trifft zwar auch zu, aber Ihre Majestät hatte zwischendurch recht guten Appetit.

Ingrid Haslinger - freie Mitarbeiterin der ehemaligen Hofsilber- und Tafelkammer in Wien - verfaßte den Katalogband *Der kaiserliche Haushalt* in unserer Publikationsreihe und entschlüsselte bei ihren Recherchen über die Hofküche zahlreiche Dokumente, die von akkuraten Hofbeamten im 18. und 19. Jahrhundert zu Papier gebracht wurden. – Da gab es natürlich auch überraschendes, noch nie gesichtetes Material über Kaiserin Elisabeth, die seltsame, heute schon mythenumrankte Frau, die von jedem vertraulich Sissi genannt wird, anstatt Sisi, wie sie von ihrer Familie wirklich gerufen wurde. Jenseits von ausgepreßtem rohem Kalbsschlögel liebte sie vor allem süße Sachen: Die Konditoreien Demel in Wien und Rumpelmayer in Nizza lieferten beträchtliche Mengen ihrer Köstlichkeiten direkt an die Kaiserin.

Es ist mir eine Genugtuung, dieses Buch einzuleiten, ist die Autorin doch eine jener Wissenschaftlerinnen, die sich nicht auf Sekundärliteratur verlassen, sondern direkt an die Quelle gehen.

So finden die Leser in diesem Buch zahlreiche Gerichte, von denen man sicher annehmen kann, daß sie einstmals Gnade vor Elisabeths Magen gefunden haben. Die von den Hofköchen aufgezeichneten und hier veröffentlichten Rezepte ermöglichen das Nachkochen und Nachbacken daheim.

Essen wie Kaiserin Elisabeth -- das bedeutet nicht nur Fasten, sondern auch ein kulinarisches Vergnügen. Dank intensiver Recherchen der Autorin kann nun jeder Interessierte selbst den persönlichen Geschmack Ihrer Majestät – zumindestens was die Eßkultur betrifft – nachvollziehen.

*Peter Parenzan*
*Wissenschaftlicher Leiter der*
*Museen des Mobiliendepots*

# *Einleitung*

Belegbare Aussagen von Kaiserin Elisabeth nahestehenden Personen bilden im vorliegenden Buch den Ausgangspunkt für eine Erörterung der Eßgewohnheiten der Kaiserin, die bei vielen Gelegenheiten die Aufnahme von Nahrung mit der Begründung ablehnte, sie hätte Widerwillen gegen das Essen.

Aus Elisabeths Kindheit und früher Jugend sind Probleme mit der Nahrungsaufnahme nicht bekannt. Allerdings wurde immer wieder darauf hingewiesen, daß Sisi auch in der Zeit vor ihrer Ehe von sehr zarter Konstitution war. Am 17. Oktober 1853 schrieb Kaiser Franz Joseph, der seine junge Braut in München besuchte, an seine Mutter: „Ich habe, wie Sie es mir rieten, die Schwiegermama gebeten, daß Sisi nicht zuviel reiten möge, doch glaube ich, wird es schwer durchzusetzen sein, da Sisi es ungern aufgibt. Es schlägt ihr übrigens sehr gut an; denn sie hat seit Ischl noch zugenommen und *sieht jetzt nie übel aus*."[1]

Möglicherweise trugen die Nervosität und das Unbehagen der jungen Kaiserin angesichts des fremden, in strengem Zeremoniell verhafteten Hofes in Wien dazu bei, daß sie nicht ausreichend essen konnte oder wollte. Denn bereits beim gemeinsamen Diner mit den Wiener Verwandten am 17. August 1853 in Ischl bemerkte Ludwig von Hessen, Elisabeths Tischnachbar, daß sie kaum etwas aß: „Bis jetzt hat Sisi nur Suppe und gemischten Salat gegessen", sagte er verwundert zur Mutter des Kaisers, „sie muß sich rein einen Fasttag ausgeschrieben haben."[2]

Auf den Reisen der Monarchin sorgten ihre Eßgewohnheiten ebenfalls für Probleme. Da sie sich erst in ihren letzten Lebensjahren in touristisch erschlossenen Gegenden aufhielt bzw. in entsprechenden Hotels abstieg, mußten früher Lebensmittel für die Kaiserin und ihr Gefolge meist von Wien aus nachgeschickt werden. Bisweilen nahm Elisabeth auch Kühe auf ihre Reisen mit, um mit Milch in entsprechender Qualität versorgt zu sein.[3] In den Diensten der Kaiserin hatten ihre Köche und Zuckerbäcker keine leichte Aufgabe. Viele der Personen, die eine solche Funktion ausübten, entwickelten mit zunehmendem Alter Nervenkrankheiten.

Besonders interessant im Zusammenhang mit den Eßgewohnheiten der österreichischen Kaiserin ist die Tatsache, daß sie zahlreiche Lebensmittel und Fertigprodukte für ihren Bedarf bei Händlern oder Lieferanten einkaufen ließ, obwohl alles Benötigte problemlos aus Hofküche (diverse Fleisch- und Mehlspeisen, Gansleberweckerl), Hofzuckerbäckerei (Gefrorenes, Bonbons, Eiskaffee, Marmeladen, Obstsäfte), Hofkeller (ungarische Weine, Rheinweine, griechische Weine, bayrisches Bier) oder Kammermeierei (Milch, Obers, Eier) hätte bezogen werden können. Dies galt nicht nur für Reisen, sondern auch für die Aufenthalte der Kaiserin in Wien, Budapest, Gödöllő oder Ischl. Elisabeth ließ sich an diese Orte selbst Konditorwaren, Biskuits, Schinken, Käse und Kompotte aus dem Ausland schicken (Italien, Frankreich, Deutschland, Großbritannien). Auch fertige Speisen bezog Sisi von Traiteuren für ihren eigenen Bedarf.[4] Die Kaiserin bezahlte solche Ausgaben aus ihrem Privatgeld, das sich aus dem *Spennadelgeld* (von Kaiser Franz Joseph) und dem *Ewiggeld* (von ihrer Familie aus München) zusammensetzte.

*Tafelaufsatz aus dem Dessertservice der Manufaktur Minton, 1851*

Ein Blick in die Zeremoniell-Protokolle des Haus-, Hof- und Staatsarchivs in Wien zeigt, daß Kaiserin Elisabeth doch nicht so selten ihre repräsentativen Pflichten wahrnahm, wie dies manchmal vermutet wird. Sie nahm regelmäßig an offiziellen Tafeln teil und vertrat Kaiser Franz Joseph bei solchen Anlässen im Krankheitsfalle gemeinsam mit Erzherzog Carl Ludwig. Wenn auch in späteren Jahren die Auslandsaufenthalte Sisis ausgedehnter wurden, so ließ sie sich doch „einspannen", wenn sie in Wien anwesend war. Erst nach dem Tod von Kronprinz Rudolf zog sie sich allmählich zurück, um dann ab 1895/96 fast überhaupt nicht mehr bei offiziellen Gelegenheiten zu erscheinen.

Die im Buch enthaltenen Rezepte stammen ausschließlich von k.u.k. Hofköchen und Hofzuckerbäckern, deren eigenhändige schriftliche Unterlagen der Autorin zur Verfügung gestellt wurden. Interessanterweise vermerkten die Köche nur bestimmte Mehlspeisen mit dem Namen der Monarchin. Manche der Rezepte stammen aus den Aufenthaltsorten (Bad Kissingen, Aix-les-Bains etc.) von Kaiserin Elisabeth: Sie hatte etwas gekostet, was ihr schmeckte, und ihre Köche besorgten sich danach das Rezept. Die Vorschriften für Suppen, Fleisch- und Wildgerichte, Spargel usw. stammen ebenfalls von Hofköchen. Weiters wurden Gerichte aus Menus ausgewählt, die speziell für die Kaiserin gekocht wurden, oder aus Diners, an denen sie nachweislich teilnahm.

Die Autorin dankt folgenden Personen und Institutionen für ihre Unterstützung:

*MR Dr. Peter Parenzan*, wissenschaftlicher Leiter der Museen des Mobiliendepots, Wien; *Irmgard Pangerl*, Haus-, Hof- und Staatsarchiv, Wien; *Christoph Demel's Söhne*, ehem. k.u.k. Hoflieferant, Wien; Restaurant *Zum schwarzen*

*Kameel*, ehem. k.u.k. Hoflieferant, Wien; *Martin Charles*, Menton (F); *Edith Geis*, Stadtarchiv Bad Schwalbach (D); *Jean-Etienne Genequand*, Archives d'Etat, Genf (CH); *Joël Lagrange*, Archives Municipales, Aix-les-Bains (F); *Paolo Luconi*, Madonna di Campiglio (I); *Evelyn Lüthi-Graf*, Archives de Montreux (CH); *Jacques Mayer*, Hotel Beau Rivage, Genf (CH); *Jean-Paul Potron*, Bibliothèque

*Reisetafelservice (Solitär) und Mundzeug Kaiserin Elisabeths; Stefan Mayerhofer, Wien 1832. Aus dem Nachlaß Kaiser Ferdinands kam es in den Besitz Kaiserin Elisabeths*

de Cessole, Palais Masséna, Ville de Nice (F); *Richard Schaffner*, Stadtarchivar, Passau (D); *Dr. Herbert Schott*, Staatsarchiv Würzburg (D); *Elisabeth Sotier*, Bad Kissingen (D); *Frau Spiegel*, Stadtarchiv Wiesbaden (D); *Dieter Sternecker*, Kulturbüro Stadt Bad Brückenau (D); *Peter Weidisch*, Stadtarchiv Bad Kissingen (D)

Kaiserin Elisabeth hatte panische Angst vor Gewichtszunahme,[5] obwohl der Kaiser und alle Personen ihrer Umgebung von ihrer Magerkeit entsetzt waren. Bei einer Körpergröße von 172 Zentimetern wog Sisi nie mehr als fünfzig Kilogramm. Überdies litt die Kaiserin immer wieder – auch in den frühen Jahren – an Schwellungen (v. a. an den Beinen, an den Knöcheln, im Gesicht), was wiederum ihren Wunsch verstärkte, der vermeintlichen Fettleibigkeit durch ausgedehntes Hungern zu begegnen. Kaiserin Elisabeth wich den gemeinsamen Mahlzeiten auch deshalb aus, um nicht mit der Familie (bzw. den offiziellen Gästen) zusammenzutreffen – ein Umstand, den ihre Schwiegermutter, Erzherzogin Sophie, nicht verstehen konnte. Wie aus deren Briefen an ihre Mutter, Königin Karoline von Bayern, ersichtlich ist, hatte Sophie in ihrer Jugend viel Spaß an den gemeinsamen Mahlzeiten, an denen ihre angeheirateten Onkel, die Brüder von Kaiser Franz II. (I.), und der Herzog von Reichstadt teilnahmen.[6] Überdies empfand Sophie es als ihre Verpflichtung der Dynastie gegenüber, sich durch vernünftige Lebensweise und ausgewogene Ernährung gesund zu erhalten und gesunde Kinder zur Welt zu bringen. Alle diese Überlegungen waren

*Rudolf Munsch (1865–1934). Koch der Kaiserin und letzter Chefkoch am Kaiserhof*

Kaiserin Elisabeth völlig fremd. Der Husten, unter dem die Kaiserin ständig zu leiden schien, äußerte sich in vielen Fällen vor allem dann, wenn sie zu Tisch gehen sollte: „Sisi hat anfangs ziemlich gehustet, doch hat das Husten sich jetzt bloß auf das Diner beschränkt, wo die Hitze noch einen Reiz zum gewöhnlichen Krampfhusten gibt.“[7]

*Die k.u.k. Hofzuckerbäckerei in der Wiener Hofburg. Zeichnung nach Theo Zasche*

Auch dringende Bitten von Kaiser Franz Joseph hatten nicht die gewünschte Wirkung. 1859 schrieb er aus Verona an seine in Wien weilende Frau: „Ich ängstige mich so für Dich, weil Du gar nicht isst und schläfst; ich beschwöre Dich tue beides und erhalte Dich mir zu lieb, recht wohl und kräftig.“ Und nur einen Monat später: „Ganz desperat macht mich die entsetzliche Lebensweise, die Du Dir angewöhnt hast und die Deine theure Gesundheit ganz zerstören muss. Ich beschwöre Dich, gebe dieses Leben gleich auf und schlafe bei der Nacht, die ja von der Natur zum Schlafen und nicht zum Lesen und Schreiben bestimmt ist.“[8] In den späteren Jahren klagte der Monarch meist nur mehr über die Lebensweise seiner Gattin. Manchmal klingt auch Überdruß aus seinen Zeilen, vor allem wenn die Gesundheit der Kaiserin aufgrund ihrer Diät und Kuren litt: „… und hoffe nur, daß Du nun endlich regelmäßig leben und Dich hinreichend mit kräftigen Speisen und nicht mit allen möglichen Medizinen und Wässern nähren wirst, so daß ich hoffen kann, Dich in Cap Martin wohler und nicht so entsetzlich übel aussehend, wieder zu sehen“.[9] Seiner Mutter gegenüber hatte er Sisi immer verteidigt und entschuldigt, wenn sie zu offiziellen Diners nicht erschien: „Sisi ist nicht ganz wohl und es kommt deshalb Hofrat Fischer. Sie hat sich wahrscheinlich verkühlt und es wurde ihr bei dem ersten Diner für den König von Preußen nicht gut.“[10]

Durch ihre ungesunde und unregelmäßige Lebensweise wurde Elisabeths Magen anfällig für Krämpfe und Katarrhe, die sie oft tagelang plagten. In solchen Fällen gab die Kaiserin dem Essen bzw. dem Wein die Schuld an ihrer Unpäßlichkeit.[11] Sie hatte Probleme mit ihrer Verdauung und litt – trotz ihrer Freude an Bewegung – an Darmträgheit, was wieder zu unerwünschter „Gewichtszunahme" führte.[12] Schon aus den fünfziger Jahren ist bekannt, daß Sisi Abführmittel nahm.[13] Obwohl die Kaiserin aufgrund ihrer – vermeintlichen oder tatsächlichen – Leiden immer wieder Ärzte zu Rate zog und sich ihren Anweisungen in Bezug auf Trinkkuren, Bäder, Massagen etc. beinahe sklavisch unterwarf, war den Bemühungen der Ärzte, was die Änderung ihrer Ernährungs-

*Entenpressen aus dem Besitz Kaiserin Elisabeths*

gewohnheiten anlangte, kein dauernder Erfolg beschieden.[14] Den Bitten der Personen ihrer Umgebung, die sich um den Zustand der Kaiserin Sorgen machten, kam Elisabeth nur selten nach: „Sie hat die fixe Idee, daß sie zunimmt … Wenn ich sie nicht so viel bitten würde, glaube ich, wäre sie längst Hungers gestorben."[15] Auf ihr Gefolge nahm die Kaiserin mit ihren Eßgewohnheiten ebenfalls keine Rücksicht. Anläßlich ihres Aufenthalts auf Madeira 1860/61 wurden Klagen laut: „Sie ißt schrecklich wenig, so daß wir darunter leiden müssen, denn das Essen, 4 Speisen, 3 Desserts, Kaffee etc. dauert nie über 25 Minuten."[16] Wenn Kaiserin Elisabeth, aufgrund einer ärztlichen Mitteilung in Angst versetzt, etwas mehr Nahrung zu sich nahm, war dieser kleine Erfolg meist nur von kurzer Dauer: „… Kerzl hier angekommen … er hat sofort das Karlsbader Wasser abbestellt … bath Ihre Majestät sie möge mehr essen und etwas Wein trinken. Ihre Majestät versprach es zu thun …".[17] Nahm Elisabeth tatsächlich an einer Mahlzeit teil, überschätzte sie gewöhnlich die Mengen, die sie zu sich nahm, und sprach davon, viel gegessen zu haben, während die übrigen Gäste diese Meinung nicht teilten.[18] Auch Außenstehenden fiel das zeitweise üble Aussehen der Kaiserin auf. So schrieb ein Schwalbacher Bürger anläßlich des

Aufenthalts der Kaiserin im Mai 1889: „Clara und ich gingen an der Ecke vom Tivoli, wo sie von Promenade aus den Anlagen zurückkehrte, dicht an ihr vorbei. – Immer noch imposante Gestalt. Ich finde sie besser aussehend wie vor mehreren Jahren …“.[19]

Phasen, in denen die Kaiserin mit Appetit aß, wechselten mit Perioden, in

*Elisabeth im ungarischen Krönungskleid. Gemälde von Georg Raab. 1867*

denen sie tagelang hungerte bzw. nur Flüssiges zu sich nahm.[20] Neben Orangensaft (Kaiser Franz Joseph befürchtete eine Übersäuerung ihres Magens[21]), Traubenkuren (in Meran), Fleischsaft und Karlsbader Mineralwasser waren Milch und Milchprodukte die beliebtesten Nahrungsmittel von Kaiserin Elisabeth. Bereits aus dem Jahr 1867 gibt es den Nachweis, daß sich die Kaiserin Fleischsaft zubereiten ließ; täglich wurde ein Kalbsschlegel in ihre Kammer geliefert.[22] Zur Herstellung des Fleischsaftes ließ sich die Kaiserin Entenpressen aus Frankreich besorgen, die bei Schäden von J. C. Klinkosch bzw. der Berndorfer Metallwarenfabrik repariert oder ergänzt wurden. Vier davon haben sich in der ehemaligen Hofsilber- und Tafelkammer erhalten.[23] Die sie auf ihren Reisen begleitenden Hofköche und Hofzuckerbäcker mußten in der Behandlung dieser speziellen Produkte versiert sein: „Die Kühe sind gut, – haben genug Milch, so daß Seitz sowohl Buttermilch, wie auch Butter daraus macht, – heute früh haben wir sehr guten Topfenkuchen gehabt.“[24] Wegen Elisabeths Leidenschaft für Milch und Milchprodukte sowie Eier war ja 1895 in Schönbrunn die Kammermeierei zur Haltung von Kühen und Hühnern eingerichtet worden.[25] Selbst nach der Einrichtung der Kammermeierei wurden für Sisis

*Die Mehlspeisküche in der Wiener Hofburg mit den Hofköchen Hubert Germershausen (1875–1937) und Friedrich Hampel (1868–1926)*

Kammer von anderen Lieferanten Milch- und Milchprodukte bezogen. Die k.u.k. Hoflieferantin Louise Jesovits (in Wien) sorgte für den Bedarf der Kaiserin.

*Abrechnung von Louise Jesovits über gelieferte Produkte an die Kammer Ihrer Majestät der Kaiserin vom 30. Oktober bis 30. November 1897* [26]

Grahambrot
Schlagobers
Obers
Frühstück (heiße Schokolade und Gugelhupf)
saure Milch
Tee-Eier
Teebutter

Für die genaue Temperierung und Behandlung der Milch waren Milchthermometer und Milchapparate vorhanden.[27] Auf allen ihren gemeinsamen Spaziergängen nahm die letzte Hofdame der Kaiserin, Gräfin Irma Sztáray, einen silbernen Becher mit. Denn immer, wenn die Kaiserin einer Schaf-, Ziegen- oder Kuhherde begegnete, wünschte sie Milch, die sie aus diesem Becher trank.[28]

In Wien waren die Essensprobleme der Kaiserin wegen der ihr unsympathischen Umgebung besonders groß. Wenn Elisabeth bei offiziellen Diners erschien, nahm sie meist nur etwas Bouillon, ein Stück Weißbrot und einige Früchte. Selten trank sie ein Glas Wein dazu. Ihr Nachtisch bestand oft aus kleinen Eisstückchen, auf die Orangensaft geträufelt war.[29] In späterer Zeit – nach dem Tod Kronprinz Rudolfs – nahm sie an festlichen Mahlzeiten sehr selten teil; abends trank sie häufig nur Milch. Im Jahr 1866 (Krieg gegen Preußen) schrieb Kaiser Franz Joseph die Appetitlosigkeit seiner Frau den politischen Verhältnissen zu: „Sisi ist sehr mager geworden und hat viel mit mir gelitten."[30] Auf Reisen versuchte Kaiserin Elisabeth immer wieder, offiziellen Einladungen nicht zuletzt deshalb aus dem Wege zu gehen, um dem ihr unerträglichen Zwang zur Nahrungsaufnahme zu entgehen. Auch unterwegs – nicht nur in Wien oder in „offiziellem" Rahmen – stellten sich Perioden ein, in denen sie das Essen völlig ablehnte.

*Der oberösterreichische Lieblingszuckerbäcker der Kaiserin an der Côte d'Azur: Das Lokal Anton Rumpelmayers in Menton*

Kaiserin Elisabeth hatte eine Schwäche, der sie trotz aller Schlankheitsbemühungen immer wieder unterlag: *Süßigkeiten.*[31] Im Aktenbestand *Obersthofmeisteramt Kaiserin Elisabeth*[32] des Wiener Haus-, Hof- und Staatsarchivs finden sich zahlreiche Rechnungen von Demel, Gerstner[33], Pischinger und Gerbeaud, die diese Vorliebe belegen. Sogar nach Korfu ließ sie sich Spezialitäten von Cabos nachschicken; von dieser Firma bezog Sisi u.a. auch häufig Andrássy-Biskuit.[34] Eine besondere Vorliebe entwickelte sie für die Erzeugnisse Anton Rumpelmayers. Der aus Oberösterreich stammende Zuckerbäcker hatte sich an der Côte d'Azur niedergelassen, wo auch Kaiserin Elisabeth viel Zeit verbrachte. Regelmäßig besuchte sie das Geschäft und kaufte viel bei ihm ein. Sie ernannte Rumpelmayer sogar zum *k.u.k. Hofzuckerbäcker.*[35] Die Ehefrau Rumpelmayers wurde von der Kaiserin mit einer Brosche mit Namens-

Praes am

Fournisseur brévété

A. Rumpelmayer

NICE + CONFISEUR GLACIER + AIX-LES-BAINS

Fourni à Sa Majesté l'Impératrice d'Autriche

Aix-les-Bains le 25 Sept. 1895

| | | |
|---|---|---|
| Sonnenschirm überziehen lassen | f. | 20 |
| 1 grosse Bassine | | 18 |
| 1 kleiner Tisch | | 5 |
| Total | f. | 43 |

Aix-les-Bains le 25 Sept. 1895

*Über das ihr vertraute Geschäft Rumpelmayers ließ Kaiserin Elisabeth auch andere Aufträge erledigen, z. B. das Überziehen ihres Sonnenschirms*

chiffre ausgezeichnet.[36] Rumpelmayer war jedoch nicht nur Zuckerbäcker, er bot in seinen Etablissements auch Speisen an; manchmal nahm die Kaiserin bei ihm ihre Mahlzeiten ein.[37] Seine Geschäfte befanden sich in Cannes, Menton, Monte Carlo und Nizza. Die Tochter Rumpelmayers leitete eine Filiale in Aix-les-Bains, so daß die Kaiserin selbst in Savoyen auf ihre geschätzten Zuckerbäckereien nicht verzichten mußte.[38] Ihre bevorzugten Süßigkeiten waren Gefrorenes, Biskuit, Bretzeln und Zwieback. Manchmal bestellte sie auch Torten. Zu den Speisen, die Kaiserin Elisabeth ebenfalls schätzte, gehörten gesalzene Mehlspeisen wie Käsegebäck, Zwiebelkuchen, und Schinkenkipferl. Die spätere Köchin der Kindsküche für Erzherzogin Marie Valerie, Therese Teufl, bereitete speziell das von Elisabeth so geschätzte Veilchengefrorene zu. Über dieses äußerte sich Kaiser Franz Joseph einmal folgendermaßen: „Der Gedanke an das Veilchen Gefrorene mit Orangen gab mir fast Üblichkeiten."[39]

Kaiserin Elisabeth war aber auch dem Genuß von Genois-Kuchen (ähnlich dem Biskuit) nicht abgeneigt; es gab sogar eigene Rezepte für die Kaiserin.[40] Ihre Vorliebe für Süßigkeiten wird von Xavier Paoli, dem der Kaiserin bei ihren Frankreichaufenthalten von der Sûreté zugeteilten Sicherheitsbeamten, bestätigt: „Elle … marquait une prédilection pour les friandises."[41] Sisis Vorliebe für Süß- und Mehlspeisen sprach sich bei den Vertretern des Bäcker- bzw. Zuckerbäckergewerbes rasch herum. Immer wieder sandten sie Kostproben

*Oben:*
*Gugelhupf Ihrer Majestät, Fa. Demel (Aufsatz aus dem Mailänder Tafelaufsatz 1838), Karlsbader Kipfeln Ihrer Majestät (silberne Präsentiertasse aus dem Elisabethsilber, Wien ab 1852), Dotter Bretzeln Ihrer Majestät (Porzellandessertteller der Manufaktur Minton, 1851), Topfen Nudeln Ihrer Majestät (Schüssel aus dem Meissener Service Marcolini nach 1776), Galette parisienne von Hofzuckerbäcker Rumpelmayer (Vierpaß aus dem Service Hofform, Wiener Manufaktur ab 1859)*

*Gegenüberliegende Seite: Genfer Torte Ihrer Majestät, Fa. Demel (Vermeilaufsatz, Vermeildessertteller, Silber vergoldet, ab 1809; Weinkaraffe und Süßweinglas aus dem Mousselineservice von J. & L. Lobmeyr, ab 1890)*

*Rechts:*
*Rechnung des k.u.k. Hoflieferanten Demel, 1890*

*Unten:*
*Rechnung des k.u.k. Hoflieferanten Eduard Sacher für Kaiserin Elisabeth, 25. Januar 1884*

*Gegenüberliegende Seite:*
*Kaiserin Elisabeth. Retouchierter Abzug nach einer Photographie von Emil Rabending. Wien 1865/66*

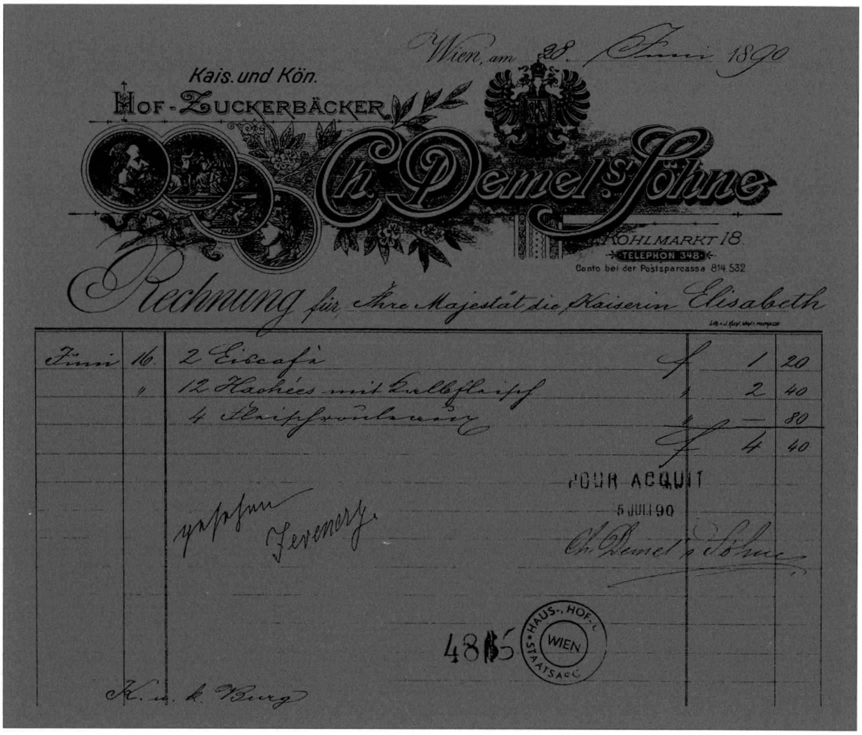


ihrer Produkte an die Kaiserin und hofften, vielleicht mit Aufträgen bedacht zu werden.[42] Wenn sich Kaiserin Elisabeth auf Reisen begab, wurden die ins Auge gefaßten Quartiere genau instruiert, was für die Kaiserin – insbesondere in bezug auf Verpflegung – vonnöten war. Stieg sie in Hotels ab, erkundigte man sich über das Küchenpersonal, besonders eingehend aber über den Pâtissier:[43] „Der Name unseres derzeitigen Patissiers ist: Carl Mannberger, aus Frankfurt/Main. Derselbe arbeitete verschiedentlich in Oesterreich, + bin ich glücklich aus der Anfrage entnehmen zu können, daß Ihre Majestät in unserm Hause [= Hotel Baur au Lac, Zürich] befriedigt wurden." Der Leitung des Hotels *Karersee* (Südtirol) wurde mitgeteilt, daß die Speisen für die Kaiserin jeweils auf besonderen Wunsch zubereitet werden müßten und Informationen für die dortige Küche im vorhinein nicht möglich wären.[44] Dies bedeutete bei der exponierten Lage des Hotels eine besondere Erschwernis für die Bedienung Sisis.

An Getränken liebte die Kaiserin neben Tee, Kaffee und Milch vor allem bayrisches Bier. Wann immer sie in München war, kehrte sie im Hofbräuhaus ein.[45] Zu den Speisen nahm sie gewöhnlich ungarische Weine, Champagner, Asti-Weine, griechische

Weine, Rheinweine und Weine aus Mallorca, die sie sich von Erzherzog Ludwig Salvator schicken ließ. Sisi schätzte überdies Dessertweine wie Madeira, Marsala, Port und Muscatel.[46] Schon Anfang der sechziger Jahre des 19. Jahrhunderts ließ Kaiserin Elisabeth Weine für ihren Bedarf kaufen; damals vorzugsweise Madeira. Sie wurden auf die Rechnung des Hofes gesetzt und im Hofkeller in einer eigenen Rubrik geführt, „daß dieselben

*Gegenüberliegende Seite: Wasserkaraffe aus dem Glasservice von Kaiserin Elisabeth. Ursprünglich im Haushalt von Kaiser Ferdinand und Kaiserin Maria Anna*

*Links: Champagner- und Weinglas aus dem Glas-Service Kaiserin Elisabeths aus dem Achilleion*

*Oben und unten: Weinetiketten für „Tokayer Ausbruch" und „Ofener Tafelwein roth" (1857) aus dem k.k. Hof-Keller*

nur ausschließlich für den Gebrauch Ihrer Majestät der Kaiserin über jedesmaliges schriftliches Anbegehren der allerhöchsten Kam̃er zur Verausgabung gebracht werden."[47]

Elisabeth hielt sich – wie zahlreiche Mitglieder des Kaiserhauses vor ihr – nicht an die von der Kirche festgelegten Fasttage. Ein Konvolut Speisezettel von Jagdausflügen der Jahre 1878 bis 1886 zeigt, daß – ohne Rücksicht auf Fasttage – für die Kaiserin zur Waggonservierung immer ein

*vollständiges* Menu gekocht wurde, während sich Kaiser Franz Joseph meist mit Suppe und Canapés begnügte.[48] Bei diesen umfangreichen Menus für die Kaiserin ist aber auch zu bedenken, daß ihr Gefolge mitspeiste bzw. die Dienerschaft den Abhub erhielt. Vielleicht bestand Kaiserin Elisabeth deshalb auf einem umfangreicheren Speiseplan. An einem Fasttag speisten die beiden Monarchen folgendes:

| *Menu Seiner Majestät* | *Menu Ihrer Majestät* |
|---|---|
| Crème d'orge maigre[49] | Potage purée de gibier aux croûtons |
| Saumon, sauce hollandaise et pommes de terre | Côte de boeuf braisée au Madeira, garniture de légumes, sauce demiglace |
| Sardines au beurre et radis | Poulardes de France rôties, salade, pointes d'asperges à part |
| Sarcelles à la broche | |
| Indianerkrapfen, Mohn- und Nußbeugel | Indianerkrapfen, Mohn- und Nußbeugel |

Auch wenn man in Betracht zieht, daß die Kaiserin von jedem Gang nur wenig zu sich nahm, war es doch ein sehr umfangreiches Menu. Erwähnenswert ist, daß jedes Menu für Kaiserin Elisabeth zu jener Zeit Wild in irgendeiner Form beinhaltete – als Suppe oder als Braten (Fasan, Rehrücken). Vermutlich eine Gewohnheit der Monarchin, weil das Fleisch des Wilds kalorienarm ist; aus den neunziger Jahren des 19. Jahrhunderts existieren allerdings Berichte, daß der Kaiserin vor Fleisch ekelte.[50] Prinzipiell gehörten zu den Lebensmitteln, die die Kaiserin gerne zu sich nahm, ursprünglich Fleisch (v.a. Rindfleisch, Lammfleisch und Wild), Kaviar, Artischocken und Spargel.[51] Auch Fischen und Meeresfrüchten war sie nicht abgeneigt. Zu ihren Lieblingsgerichten zählten Austern. Wenn sich Kaiserin Elisabeth auf ihren Fußmärschen befand oder mit ihrer jüngsten Tochter Marie Valerie Ausflüge machte, schmeckten ihr Schnitzel, Honig, Butterbrote, Eierspeise, Schmarren und Käse. In den späteren Jahren dürfte Elisabeth auch mit einer Art *Vollwertkost* experimentiert haben, denn sie ließ sich aus Wörishofen eine Schrotmühle kommen.[52]

Befand sich Elisabeth auf der Durchreise mit der Bahn (da Sisi immer im strengen Incognito[53] als Gräfin von Hohenembs unterwegs war, wurde im Zug kein Küchenwagen geführt), bestellte Hofrat Feifalik, ihr Sekretär, für den Aufenthalt des Zuges die gewünschte Mahlzeit per Telegramm. Die Kaiserin speiste gewöhnlich in ihrem Coupé; das Gefolge wurde im Wartesaal 1. Klasse, die Dienerschaft im Wartesaal 2. Klasse verpflegt. Für den Kurzaufenthalt der Kaiserin in Mailand (1894) – Elisabeth reiste mit dem gewöhnlichen Schnellzug – bestellte Feifalik im Hotel Cavour als Frühstück für sieben Uhr früh: kaltes gemischtes Fleisch, Panettone, Milch aus den Giardini publici sowie verschiedenes Gebäck.[54] Herrn Franz Joseph Österreicher, Hotelier in Madonna di Campiglio, telegraphierte Feifalik im selben Jahr: „Frühstück Ihrer Majestät in Trient hat zu bestehen aus gutem Marken Kaffé dazu frisches und unabgekochtes Obers und ebensolche Milch, beides in Eis gut eingekühlt; einem kalten Braten, großes Stück Filet, Rehrücken … verschiedene Bäckereien, jedoch mit reiner Butter gemacht, frische Eier, wenn sie am Ankunftstage gelegt wurden und Honig."[55] Die Kaiserin befand sich auf der Reise von Campiglio über Dinaro, den Mendelpaß und Sigmundskron nach Ischl.

Aus dem Briefwechsel der Hofdame Marianne von Meissl mit Ida von Ferenczy lassen sich für die Jahre 1896, 1897 und 1898 die Eßgewohnheiten der Kaiserin ablesen – so sie überhaupt zum Essen überredet werden konnte. Nur wenige Quellen enthalten Angaben zu Mahlzeiten Kaiserin Elisabeths; einige Beispiele seien hier angeführt:

| | | |
|---|---|---|
| *Biarritz 1896*[56] | morgens | warmes Seebad |
| | | Mineralwasser |
| | 8 oder 1/2 9h | Fleisch, schwarzer Kaffee |
| | 5h | abwechselnd Preßsuppe, Ei und Saft |
| *Territet 1897*[57] | morgens | Fleisch, Kaffee |
| | | Kephir, Kumis |
| | 5h | Fleisch, Milch |
| *Kissingen 1897*[58] | morgens | Bad |
| | ca. 1/2 9h | leichter Kaffee, Bäckerei, Fleischgelee |
| | 3h | Diner: Fisch, Braten, Spargel, |
| | | Kompott, leichte Mehlspeise |
| | 6h | 1/2 l Milch |
| *San Remo 1898*[59] | morgens | Promenade |
| | | Frühstück |
| | im Garten | Milch, Fleischsaft, Cognac |
| | 5h | kaltes Fleisch, Eier, Fleischsaft, Milch |
| | | abwechselnd Kompott und Gefrorenes |

Zwischen den Mahlzeiten war die Kaiserin nicht untätig: Sie ging spazieren, ließ sich frisieren oder die Haare waschen, machte Ausflüge, ließ sich vorlesen etc. Die Speisekarte der letzten größeren Mahlzeit der Kaiserin hat sich erhalten. Es handelt sich um das Déjeuner, das Julie Rothschild für die Kaiserin in Pregny am 9. September 1898 gab:[60]

Petites Timbales à l'Impériale*
Truite du lac du Bourget
Filet de boeuf jardinière
Mousse de volaille Périgueux*
Chaudfroid de perdreaux en Bellevue
Crème glacée à la hongroise (2x)*
Spongeade au citron
Manqués au chocolat

*Vermeilspeiseteller und das goldene Mundzeug Kaiserin Maria Theresias*

Kleine Becherpasteten auf kaiserliche Art[61]
Forelle aus dem Bourget See[62]
Rindsfilet mit Gemüsegarnitur
Geflügelmousse Périgueux[63]
Rebhuhn in Gelée „Bellevue"[64]
Geeiste ungarische Crème
Zitronenbiskuit
Schokoladesandkuchen

Die mit Sternchen versehenen Gerichte sind im Original unterstrichen. Diese Gerichte hatten Elisabeth besonders geschmeckt. Gräfin Sztáray hatte auf Anweisung der Kaiserin – wie sie es schon häufig getan hatte – dem Kaiser die Menukarte zuzusenden.[65] Am Ende der Mahlzeit trank die Monarchin mit der Gastgeberin noch Champagner.

Am 17. November 1860 reiste Kaiserin Elisabeth nach Madeira ab. Neben ihrem Hofstaat wurden zur Versorgung der Kaiserin Hofkoch Mayer, k.k. Koch Kienberger, k.k. Zuckerbäcker Ziffermayer sowie ein Küchenträger und ein Tafeldecker mitgeschickt.[66] Auf der Insel angekommen, war Kaiserin Elisabeth anfänglich von Landschaft, Villa und Klima begeistert; allerdings stellten sich sehr rasch Langeweile und Heimweh ein. Positiv wurde von den Kurieren vermerkt, daß Sisi „ganz vernünftig und zweckmäßig" lebe.[67] Doch kaum war die Kaiserin nach monatelanger Abwesenheit wieder in Wien und ihrer gewohnten Umgebung, kränkelte sie und wurde immer schwächer. „Die Kaiserin hat seit ihrer Rückkehr den tiefsten Abscheu vor jeder Nahrung. Sie ißt nichts mehr und ihre Kräfte erschöpfen sich umso mehr, als der Husten andauert und starke Schmerzen ihr den Schlaf rauben, der ihre Kräfte noch erhalten könnte. [68]

Seiner Mutter gegenüber, die Elisabeths ältere Schwester Helene lieber an der Seite von Kaiser Franz Joseph als Kaiserin von Österreich gesehen hätte, schrieb Kaiser Franz Joseph in dieser Zeit als loyaler Sohn zwar wahrheitsgemäß über Elisabeth (sie befand sich mittlerweile auf Korfu); allerdings beeilte er sich immer, positive Berichte über seine Frau an Erzherzogin Sophie zu richten: „Von Sisi habe ich Gottlob recht befriedigende Nachrichten. Sie hat sich über Helenes Ankunft sehr gefreut, ist recht heiter, fährt zu Wagen

*Reiseservice, vermutlich für Kaiserin Elisabeth; Mayerhofer & Klinkosch*

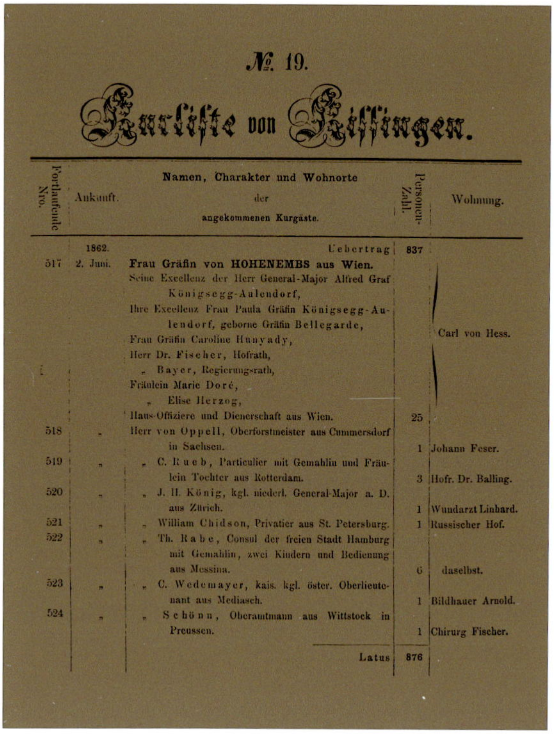

№ 19.

# Kurliste von Kissingen.

| Fortlaufende Nro. | Ankunft. | Namen, Charakter und Wohnorte der angekommenen Kurgäste. | Personen-Zahl. | Wohnung. |
|---|---|---|---|---|
| | 1862. | Uebertrag | 837 | |
| 517 | 2. Juni. | **Frau Gräfin von HOHENEMBS aus Wien.** Seine Excellenz der Herr General-Major Alfred Graf Königsegg-Aulendorf, Ihre Excellenz Frau Paula Gräfin Königsegg-Aulendorf, geborne Gräfin Bellegarde, Frau Gräfin Caroline Hunyady, Herr Dr. Fischer, Hofrath, „ Bayer, Regierungsrath, Fräulein Marie Doré, „ Elise Herzog, Haus-Offiziere und Dienerschaft aus Wien. | 25 | Carl von Hess. |
| 518 | „ | Herr von Oppell, Oberforstmeister aus Cummersdorf in Sachsen. | 1 | Johann Feser. |
| 519 | „ | „ C. Rueb, Particulier mit Gemahlin und Fräulein Tochter aus Rotterdam. | 3 | Hofr. Dr. Balling. |
| 520 | „ | „ J. H. König, kgl. niederl. General-Major a. D. aus Zürich. | 1 | Wundarzt Linhard. |
| 521 | „ | „ William Chidson, Privatier aus St. Petersburg. | 1 | Russischer Hof. |
| 522 | „ | „ Th. Rabe, Consul der freien Stadt Hamburg mit Gemahlin, zwei Kindern und Bedienung aus Messina. | 6 | daselbst. |
| 523 | „ | „ C. Wedemayer, kais. kgl. öster. Oberlieutenant aus Mediasch. | 1 | Bildhauer Arnold. |
| 524 | „ | „ Schönn, Oberamtmann aus Wittstock in Preussen. | 1 | Chirurg Fischer. |
| | | Latus | 876 | |

und zu Schiff und ißt über Andringen ihrer Schwester jetzt viel mehr Fleisch und trinkt mittags und Abends Bier."[69] Und drei Wochen später: „Helene hat mir Gottlob recht gute Nachrichten von Sisi gebracht. Sie hustet wohl noch etwas, sah aber bei Helenes Abreise wieder recht gut aus, da sie durch Helene, die über ihr aufgedunsenes und blasses Aussehen sehr erschrocken war, dazu gebracht wurde, jetzt dreimal des Tages Fleisch zu essen und vier Gläser Bier zu trinken. Sie war auch recht heiter, sah oft Leute bei Tisch und machte einige Ausflüge."[70] Vierzehn Tage später befand sich der um die Gesundheit seiner jungen Frau besorgte Monarch wieder auf Korfu – was in späteren Jahren trotz aller in den Briefen artikulierten Sorgen nicht mehr so häufig vorkommen sollte. Bei Aufforderungen seiner Frau, sie in ihren Aufenthalts- oder Kurorten zu besuchen, schützte der Monarch dringende Staatsgeschäfte vor. Im Oktober 1861 berichtete er jedoch seiner Mutter: „Sisi ist wirklich viel besser, besonders kräftiger, und sieht sehr gut aus. Sie ist stärker geworden, ist wohl noch ein wenig aufgedunsen im Gesicht, hat aber meistens gute Farben; sie hustet sehr wenig und ohne Brustschmerz, und die Nerven sind viel ruhiger. Sie befolgt ein vortreffliches Regime, ißt dreimal des Tages viel Fleisch und trinkt Bier; Obst ißt sie gar nicht mehr... Ich habe Sisi so wohl gefunden, daß

*Oben:*
*Zwischen 1862 und 1865 war Elisabeth zur Kur in Bad Kissingen. Sie reiste schon damals unter dem Pseudonym Gräfin von Hohenembs*

*Rechts:*
*König Ludwig II. von Bayern, das russische Zarenpaar, Kaiserin Elisabeth und ihr Vater, Herzog Max in Bayern, 1864 im Kurpark von Bad Kissingen*

ich mich entschlossen habe, sie für den Winter nach Venedig gehen zu lassen."[71]

Die Reisen der Kaiserin nach Korfu und Madeira (1860–1862) sowie zur Kur nach Bad Kissingen (1862–1865) waren sehr aufwendig und für das Personal, das nur in ganz geringer Zahl mitgenommen wurde, recht beschwerlich. Auf Korfu und Madeira hatte Hofkoch Mayer „seinen, – eine mehr als gewöhnliche Thätigkeit – erfordernden Dienst zur vollen Zufriedenheit verrichtet. Er hatte täglich für die Verköstigung von nahezu dreißig Personen verschiedener Kathegorien und zu verschiedenen Stunden zu sorgen, die Einkäufe auf den von der Villa I[ihrer] M[ajestät] entfernten Marktplätzen jeden Morgen selbst zu besorgen, und ist hierbei mit thunlichster Ökonomie vorgegangen."[72] *Verschiedene Kathegorien* bedeutete, daß der Hofkoch nicht nur für die Kaiserin zu kochen hatte, sondern für das gesamte Gefolge und die Dienerschaft, es waren daher unterschiedliche Menus vorzubereiten. Genauso wie Hofzuckerbäcker Ziffermayer versah er den Dienst allein mit Kienberger (und ohne Ablöse!) jeweils während der ganzen Zeit der Aufenthalte der Kaiserin auf den beiden Inseln. In Ermangelung von Hotels mußte Kaiserin Elisabeth in ihr zur Verfügung gestellten Gebäuden ihr Quartier nehmen. Daher mußten aus Wien Tafelsilber, Glasservice, Bronzetafelaufsätze, Porzellan und Tafelwäsche mitgeführt werden, um Sisis Tafel und die des Gefolges entsprechend decken zu können.[73] Erst in späteren Jahren, als es entsprechend standesgemäße Hotels gab, in welchen Kaiserin Elisabeth absteigen konnte, unterblieb die Mitnahme von eigenem Tafelgerät gänzlich.

1862 befand sich Kaiserin Elisabeth einige Tage in Passau. Sie traf sich hier mit ihrer Mutter, Herzogin Ludovika in Bayern, und ihren Schwestern Gräfin Trani, Prinzessin Thurn und Taxis sowie der Königin von Neapel. Die Kaiserin stieg im Hotel *Wilder Mann* ab und blieb vom 8. bis zum 14. September. Die Diners, die sie in jener Zeit mit ihren Verwandten und dem höheren Gefolge einnahm, wurden von der Wirtin, Anna Niederleuthner, aufgezeichnet.[74] Es handelt sich dabei um recht umfangreiche, der Tradition der Zeit entsprechende Menus, in denen aber offenbar auf die Vorlieben der Kaiserin Rücksicht genommen wurde (Fisch, Geflügel, Wild, Gemüse, Gefrorenes). Natürlich ist nicht feststellbar, wieviel Elisabeth bei solchen Gelegenheiten aß. 1878 weilte die Kaiserin nochmals im *Wilden Mann* und erhielt ein Souper: „Farce Nocken, Rehrücken mit Kartoffelpürree, Huhn mit Spinat und Schokoladeauflauf."[75]

Aus jenen Jahren, in denen Kaiserin Elisabeth intensiv dem Reitsport nachging, ist nur wenig über ihre Eßgewohnheiten bekannt. Bei ihren England- und Irlandaufenthalten schrieb sie in ihren Briefen an Kaiser Franz Joseph fast ausschließlich über die Jagden, die Jagdgäste und die Stürze, die sich dabei ereigneten. Die Briefe Kaiser Franz Josephs aus jener Zeit sind nicht publiziert.[76] Die Tagesberichte von Fürst Nikolaus Esterházy an den Kaiser decken sich inhaltlich mit den Mitteilungen der Kaiserin und sagen nichts darüber aus, ob sich Elisabeth regelmäßig und ausreichend ernährte. Anläßlich eines Aufenthalts in London schrieb Marie Wallersee-Larisch über ihre Tante folgendes: „Im Restaurant, in einer gemütlichen Nische, wurde soupiert; wieder eine Überraschung für mich: Tante Sissi speiste zu dieser vorgerückten Abendstunde außer Brathuhn italienischen Salat, trank Champagner und vertilgte eine beträchtliche Menge feinen Gebäcks, Dinge, die sonst bei ihr verpönt waren.“[77] Elisabeths Abneigung gegen das Essen dürfte in der Zeit zwischen der Mitte der siebziger und der achtziger Jahre nicht so groß gewesen sein wie in den Jahren danach, bzw. lag sie häufig an der Gesellschaft, mit der die Kaiserin an der Tafel saß. Bei der von Marie Larisch geschilderten Mahlzeit war der von Elisabeth so geschätzte Reiter *Captain Bay Middleton* anwesend. Auch Marie Festetics attestierte, daß Sisi relativ viel aß: „Die *Liebe* ist unberufen sehr wohl, sie läßt Ihnen sagen, daß sie jetzt riesigen Appetit hat und derart viel ißt, daß sie wie ein *Boa constrictor* am Sofa liegt und sich fürchtet, ins Bett zu gehen. Ihre

*Das Peristyl des Achilleion auf Korfu*

Majestät sieht sehr gut aus und ist gut gelaunt.“[78] Baron Nopcsa berichtete ebenfalls aus Easton Neston, daß Elisabeth regelmäßig speiste: „Wir leben hier gut und lustig, Ihre Majestät speist täglich mit uns, gewöhnlich um 6 Uhr, ist sehr gut gelaunt ...“.[79] Und Charlotte von Mailáth schrieb an Ida von Ferenczy von einem Kuraufenthalt in Ungarn 1887: „Ihre Majestät genießt die gute Luft, ihr liebster Aufenthalt ist die Elisabethhöhe, wohin sie das Essen sich bringen läßt ...“.[80]

Besondere Schwierigkeiten ergaben sich bei den Aufenthalten Elisabeths auf Korfu, denn auf der Insel waren die für sie und ihr Gefolge nötigen Lebensmittel nicht aufzutreiben. Im Jahr 1889 hatte Kaiser Franz Joseph ein Grundstück mit einer alten Villa für seine Frau erworben, die die Absicht geäußert hatte, sich auf dieser Insel niederzulassen. Die alte Villa ließ Sisi in das *Achilleion* umgestalten.[81] Zwischen Triest und Korfu verkehrte daher regelmäßig die kaiserliche Yacht *Miramare*, um den Haushalt im Achilleion mit Schokolade, Ge-

*Oben und ganz unten: Das Tafelservice Kaiserin Elisabeths aus dem Achilleion. „Die Mahlzeiten auf Achilleion waren in der Tat prächtig. Die herrlichsten Gerichte verdankten wir dem Meere, an das auch alle Bestandteile der Tafel insoferne erinnerten, als das Silber, Porzellan, Glas und Linnenzeug unter der kaiserlichen Krone einen Delphin zeigte. Dies gehörte zum Stile des Achilleion, wo fast auf jedem Gegenstand und Ornament der Delphin zu sehen war." (Sztáray 1895)*

würzen, Reis, Teigwaren, Essig, Butter, Gemüse, Wein, Bier, Fleisch, Geflügel, Schinken etc. zu versorgen. Auch der linienmäßige Lloyddampfer mußte Waren für das Achilleion übernehmen.[82]

Über die Eßgewohnheiten der Kaiserin in Aix-les-Bains (1895) wird berichtet, daß Sisi nach dem Gebrauch der Kur Tee und Zwieback aß. Die zweite Mahlzeit, um elf Uhr, bestand aus einer Tasse Bouillon, einem Ei und ein bis zwei Gläsern Fleischsaft. Die Kaiserin sprach auch leichten Gerichten zu und war immer wieder Gast bei Rumpelmayer, wo sie, nach dem Ende der Mahlzeit, meist eine Zigarette, manchmal sogar eine Zigarre, rauchte.[83]

In den Jahren 1896 und 1897 verbrachte Sisi jeweils einige Zeit in Biarritz, wo sie im Grand Hotel, dem ehemaligen Palast von Kaiserin Eugénie, wohnte. Wieder ist es Xavier Paoli, der

*Oben: Silberbesteck aus dem Achilleion, Leopold Janesich, Triest*

von seinem Schützling berichtet: Während eines Ausflugs hatte Kaiserin Elisabeth eine schwarze Kuh außerordentlich gut gefallen. Kurz entschlossen kaufte sie das Tier und gab dem Bauern den Namen *Comtesse von Hohenembs* an. Als dieser die Kuh im Grand Hotel ablieferte, staunte er nicht wenig, daß die neue Besitzerin seines Tieres die Kaiserin von Österreich war, die auf allen ihren Reisen Kühe sammelte.[84]

*Oben:*
*„Im London House war das Rendezvous. Dieses Hotel ist der Stolz von Nizza; es ist furchtbar teuer, man muß jedoch gestehen, daß seine Güte die hohen Preise rechtfertigt. Es wurde ein tadelloses Déjeuner serviert und die frohe Stimmung, mit der wir zugriffen, wurde durch die Heiterkeit der Kaiserin gesteigert. Diese gute Laune war derzeit selten an ihr zu bemerken und beglückte umso mehr." (Sztáray 1895)*

In den letzten Jahren der Kaiserin war Gräfin Irma Sztáray (ab 1894) ihre treue Begleiterin auf den ausgedehnten Reisen. Sie verehrte ihre Herrin aus tiefster Seele, konnte aber dennoch eine leichte Kritik an deren Eßgewohnheiten nicht unterdrücken: „Nachdem unsere Einkäufe besorgt waren, nahmen wir Eis. Diese Erfrischung liebte die Kaiserin ganz besonders, sie war überhaupt in der Wahl ihrer Nahrungsmittel eher exzentrisch. Milch genoß sie am ständigsten. Es gab Tage, an denen sie ausschließlich von Milch lebte, an anderen Tagen wieder aß sie nur Orangen. Gebratenes Fleisch nahm sie zumeist kalt ... Diese launenhafte Ernährungsweise hatte aber nichts mit ihrer Gesundheit zu tun, denn es kam nicht selten vor, daß sie, wenn es ihr paßte, ein ganzes Diner mit gutem Appetit verspeiste."[85] Besonders bei ihren Aufenthalten an der Côte d'Azur (1894–1897) genoß die Kaiserin die hervorragende Küche der dortigen Hotels. Sie stieg im Hotel Cap Martin ab und machte von dort aus ihre Ausflüge. Wenn Sisi nicht in ihrem Hotel speiste, waren ihre bevorzugten Plätze Rumpelmayer und das London House in Nizza oder Noël & Patard im Grand Hotel von Monte Carlo.

Ihre letzte Kur führte Kaiserin Elisabeth nach Bad Brückenau, wo sie vom Münchner Arzt Felix Schlagintweit behandelt wurde. Er berichtete in seinen Lebenserinnerungen über Sisi folgendes: „Die Ernährung Ihrer Majestät war sehr einfach: kleines Beefsteak, nächsten Tag Forelle, dritten Tag Poularde. Wenn Elisabeth nur einige Gramm Mehrgewicht feststellte, aß sie überhaupt nichts mehr."[86]

# *Die Separatküche Kaiserin Elisabeths*

Es ist nicht genau feststellbar, ab wann Kaiserin Elisabeth separat für sich kochen ließ. In der *Instruktion für das weibliche Kammerpersonal* 1863[87] findet sich ein Hinweis auf das Bestehen einer eigenen Küche für sie: „Auch darf das Kamerweib in der kleinen Küche nie etwas anderes kochen, als jene Getränke und Speisen, welche ihr zum Gebrauch der Kaiserin befohlen werden." Schließlich entwickelte sich aus dieser *kleinen Küche* die *Separatküche* von Sisi, in der ausgesuchte Hofköche und Hofzuckerbäcker ihren Dienst versahen und nach den Vorstellungen der Kaiserin kochten.[88] Das war für sie vor allem bei Kuraufenthalten von großer Bedeutung, wo die Speisen der Kur angepaßt sein sollten. Leider sind keine Speisezettel dieser Küche von Kaiserin Elisabeth erhalten. Der Dienst in ihrer Küche war sehr verantwortungsvoll und nervenaufreibend: Vom Hofkoch Emil Gnöpff ist bekannt, daß er lieber den – sicheren – Hofdienst verließ, als von der Separatküche Erzherzogin Marie Valeries in die Separatküche von Kaiserin Elisabeth überzuwechseln.

Der Bestand von Separatküchen hatte am Habsburgerhof eine lange Tradition. Kaiserin Elisabeth hatte damit nicht eine weitere Extravaganz durchgesetzt, auch ihre Schwiegereltern wurden – bei nicht offiziellen Mahlzeiten – durch ihre eigene Separatküche, die 1832 eingerichtet worden war, versorgt.[89]

*Gegenüberliegende Seite unten:*
*Etablissement Rumpelmayer in Nizza: „In Nizza angekommen, [ging die Kaiserin zu Fuß in die Stadt], während ich mich zu Rumpelmayer, dem berühmten Konditor begab, bei dem ich für Nachmittag das Lieblingseis zu bestellen hatte." (Sztáray 1895)*

*Unten:*
*Die kaiserliche Mundküche, rechts Hofkoch Hubert Germershausen (1875–1937)*

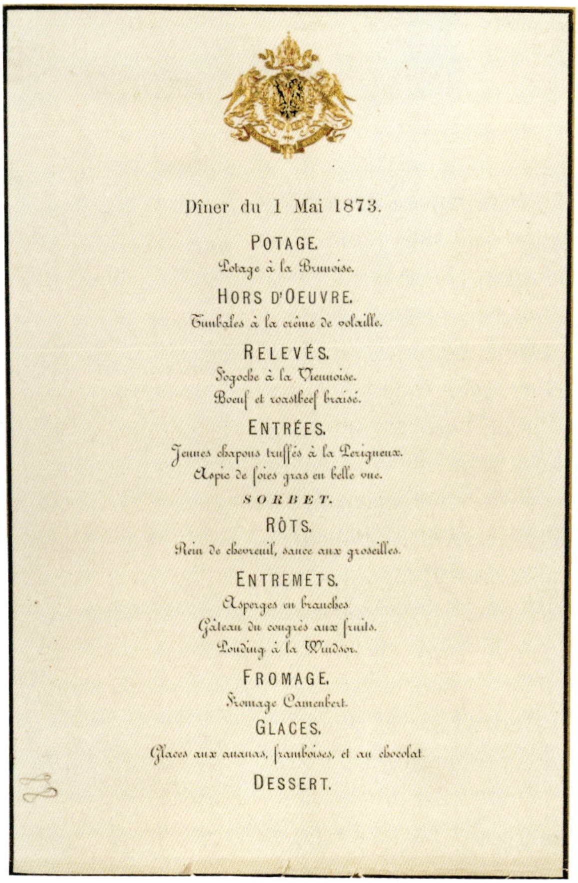

Dîner du 1 Mai 1873.

POTAGE.

Potage à la Brunoise.

HORS D'OEUVRE.

Timbales à la crême de volaille.

RELEVÉS.

Sogoche à la Viennoise.

Boeuf et roastbeef braisé.

ENTRÉES.

Jeunes chapons truffés à la Perigueux.

Aspic de foies gras en belle vue.

SORBET.

RÔTS.

Rein de chevreuil, sauce aux groseilles.

ENTREMETS.

Asperges en branches

Gâteau du congrès aux fruits.

Pouding à la Windsor.

FROMAGE.

Fromage Camenbert.

GLACES.

Glaces aux ananas, framboises, et au chocolat.

DESSERT.

Separatküchen für einzelne Mitglieder der kaiserlichen Familie sind bereits im 16. Jahrhundert nachweisbar. Sie wurden vornehmlich dann eingerichtet, wenn bei Hof Kleinkinder lebten, deren Ernährung sich von der von Erwachsenen unterschied. Die Leitung dieser Kindsküchen lag in den Händen von Frauen.

Alle drei Kinder Kaiserin Elisabeths hatten eine Separatküche. Bei der Kindsküche für Erzherzogin Marie Valerie und der Separatküche von Kaiserin Elisabeth waren die Übergänge allerdings fließend. Die Köchin Marie Valeries, Rosa Biegler, die „seit einigen Monaten ausschließlich für Ihre Majestät kocht und Allerhöchstdieselbe vollkommen zufriedenstellt", wurde von Kaiserin Elisabeth Anfang der siebziger Jahre zur k.u.k. Hofköchin befördert.[90] Auch Julie Borzer, das Extraküchenmädchen in der Küche von Erzherzogin Marie Valerie, kochte bisweilen für Kaiserin Elisabeth, unter anderem während ihrer Reisen nach England. Aufgrund ihrer Leistungen während dieser Zeit wurde sie im Dezember 1874 zur k.u.k. Köchin befördert.

*Oben:*
*Menukarte anläßlich der Eröffnung der Wiener Weltausstellung 1873*

*Rechts:*
*Madeleines Ihrer Majestät, Fa. Demel (Silberteller aus dem Elisabethsilber, Wien ab 1852; Dessertteller, Schale mit Untertasse aus dem Meissener Service; silberne Schokoladenkanne aus dem 18. Jahrhundert)*

*Gegenüberliegende Seite:*
*Desserttafel zur Zeit Kaiser Franz Josephs. Blumenteller der Wiener Porzellanmanufaktur, Besteck aus dem Grand Vermeil und Mousseline-Glasservice von J. & L. Lobmeyr*

Hofzuckerbäcker Franz Benedikter (1844–1910)

Im Jahr 1875 wurden die beiden Küchen von Kaiserin Elisabeth und ihrer jüngsten Tochter vereinigt. Aus diesem Grund ersuchte Rosa Biegler, die in der Küche von Marie Valerie bislang selbständig gearbeitet hatte, um ihre Entlassung, weil sie „künftighin unter der Leitung eines k.u.k. Hofkoches arbeiten müßte, was gemäß zu Uneinigkeiten und Streit Anlaß geben würde".[91] Für die Erzherzogin arbeitete nun Anna Mayer, die 1880 von Therese Teufl, einer Herrschaftsköchin, abgelöst wurde. Sie war offenbar eine Meisterin in ihrem Fach und kochte bisweilen für die Kaiserin. Auch Kaiser Franz Joseph schätze die Fähigkeiten dieser Köchin sehr: „Um 1 Uhr war das Diner mit Suiten und was für ein Essen! Theresia Teufel hat sich selbst übertroffen. Ich aß von allen Speisen und hatte nach Tisch gar nicht das Gefühl gegessen zu haben!"[92]

1875 verließ Julie Borzer die Küche der Kaiserin und wurde 1876 durch Katharina Spiller ersetzt. Eine weitere Veränderung in der Separatküche der Kaiserin gab es 1881: Hofkoch Gnöpff hatte bislang für Erzherzogin Marie Valerie gekocht, während sein Kollege Richard Skoda den Dienst bei der Kaiserin versah. Kaiserin Elisabeth wollte nun, daß die beiden Köche ihren Dienst tauschten und Gnöpff nur mehr für sie koche. Daraufhin kündigte Gnöpff und wurde entlassen, weil die Kaiserin „entrüstet ist, daß Gnöpff dem Befehle, für Ihre Majestät nurmehr zu kochen, nicht Folge leisten wolle".[93] Aus welchen Gründen es der Koch so hartnäckig abgelehnt hatte, für die Kaiserin zu arbeiten, geht aus seinem Schreiben leider nicht hervor.

Große Mundküche, angerichtete Speisen

*Die Eisküche in der Wiener Hofburg. Hier wurde das Gefrorene hergestellt*

Mitte der achtziger Jahre wurde der Zuckerbäcker Franz Benedikter provisorisch in der Kammer der Kaiserin verwendet. Der Zuckerbäcker Andreas Nowy hatte hingegen die Aufgabe, die Molkenmilch für sie zuzubereiten.[94] Danach fiel diese heikle Aufgabe dem Extrazuckerbäcker Gustav Seitz zu. Für seine zufriedenstellende Leistung wurde er zum „überzähligen Zuckerbäcker" ernannt. Seitz blieb Zuckerbäcker der Kaiserin bis zu ihrem Tod im Jahr 1898. Nach ihrem Tod gab es bei Hof keine Separatküche mehr; Therese Teufl blieb bis zu ihrer Pensionierung (1910) als Hofköchin im Dienst.

Während ihrer Seereisen auf der Yacht Miramare verzichtete Kaiserin Elisabeth weitgehend auf die Dienste der Hofköche und Hofzuckerbäcker (mit Ausnahme von Skoda und Seitz) und ließ sich durch die Schiffsköche versorgen: von Chefkoch Clissura, Gehilfskoch Caliterna, den Bäckern Allich und Ribulla.[95] Sie übernahmen auch den Küchendienst, wenn die Kaiserin im Achilleion wohnte. Die Zuckerbäcker der Kaiserin erhielten für ihre Arbeit auf Reisen transportable *Conditor-Öfen*, die mit Handhaben und einer Transportkiste versehen waren.[96]

Die folgenden Rezepte sind in der Originalschreibweise wiedergegeben. Auch die Maßangaben in Pfund, Loth und Seitl (Seidel), Gramm, Dekagramm etc. wurden gemäß den Originalrezepten nicht vereinheitlicht. Sie sind somit auch ein Hinweis darauf, aus welcher Zeit die Rezepte stammen. Um 1860 wurden in Österreich die Maße umgestellt. Ältere Köche blieben natürlich bei den gewohnten Maßvorschriften, während die jüngeren bereits die neuen Maße verwendeten.[97]

Badner Bäckerei Ihrer Majestät
Aus 4 Loth Germ und der nötigen Milch ein Dampfl machen. Mit ½ Liter Milch, 5 ganzen Eiern, ½ Pfund zerlassener Butter, 8 Loth Zucker, Salz und dem nötigen Mehl einen Teig machen. Das Dampfl einrühren und gehen lassen. Verschiedene Figuren formen, mit Ei bestreichen und mit Grobzucker bestreuen. Langsam backen.

Badner Brezeln Ihrer Majestät
1 Pfund Mehl, 1 Loth Germ, Milch zum Dampfl. Mit einem weiteren Pfund Mehl, ½ Loth Salz, 2 Loth Zucker, ¾ Loth Butter, 2 Eiern und Milch einen nicht zu festen Teig machen. Brezeln formen, mit Ei bestreichen und mit Kümmel und Salz bestreuen. Mäßig heiß hart backen.

Badener Soufflée Ihrer Majestät
⅜ l Milch, ½ Pfund Zucker, 10 Loth Butter und Vanille aufkochen. 10 Loth Erdäpfelmehl mit ⅜ l Milch abrühren, alles abbrennen. Dann 8 Dotter und 8 Klar Schnee einrühren. Eine Melonenform mit Butterteig ausfüttern, die Souffléemasse einfüllen und ¾ Stunden backen. Stürzen.

Braunschweiger Kuchen Ihrer Majestät
Aus 125 g Mehl, 30 g Germ und lauwarmer Milch ein Dampfl machen. 125 g Mehl, 2 ganze Eier, 3 Dotter abarbeiten. Dann 150 g zarte Butter, 30 g Zucker, Salz und das Dampfl ¼ Stunde abschlagen. Schale einer Orange einmischen. In einer Form ½ Stunde backen. Mit Zimt- oder Vanilleglasur bestreichen.

*Oben:*
*Dessertteller aus der Wiener Porzellanmanufaktur mit mythologischer Szene*

*Gegenüberliegende Seite: Kaiserin Elisabeth mit Rubin- und Diamantschmuck. Hans Skallitzky, um 1860*

Brezen Ihrer Majestät (Rezept aus München)
1 Pfund Mehl, 22 Loth Zucker, 24 Loth Butter, 3 Eier, Saft und Schale einer Zitrone. Auf dem Brett zu einem Teig verarbeiten und Brezen formen. Auf befettetem Backblech backen.

Brodtorte aus Gödöllő (23. Oktober 1894)
1 ½ Pfund Zucker, 1 ½ Pfund Mandeln (die mit Wasser und Eiklar gerieben wurden), 10 ganze Eier und 18 Dotter schaumig rühren. Den Saft von zwei Limonen, 15 Loth gehacktes Citronat, Gewürz und 6 Loth geriebene Schokolade darunter mischen. Den Schnee von 12 Eiklar und 18 Loth Brösel, die mit Rum befeuchtet wurden, unterheben. In einer geschmierten, bemehlten Form langsam backen. Mit Schokolade glasieren.

Butter Kipfeln Ihrer Majestät
3 ½ dkg Butter, 13 dkg Zucker, 6 Dotter schaumig rühren. 4 dkg Mehl mit etwas Milch einrühren. Auf ein Blech Kipfeln spritzen, mit Hagelzucker bestreuen und licht backen.

Caprice Ihrer Majestät
½ Pfund Butter sehr schaumig rühren, löffelweise 10 Loth Zucker dazugeben, dann 4 ganze Eier, 1 Dotter, 2 Loth Brösel, ½ Pfund Mehl, Vanille und Schnee. In befetteten Papierkapseln backen.

Dîner du 24 Avril 1879.

Potage au consommé de volaille.
Ecrevisses en buisson.
Côtelettes de bécasses aux truffes.
Turbot au vin de Chablis.
Pièce et filet de boeuf aux légumes.
Ris de veau de France à la Maintenon.
Pain de coq de bois à la gelée.
Sorbet.
Poulardes du Mans au cresson.
Asperges en branches.
Mousse glacée au chocolat.
Fromage de Gorgonzola.
Glaces aux framboises et au café blanc.
Dessert.

Caprice Ihrer Majestät
Aus 1/2 Pfund Mehl, 6 Loth Butter, 1 ganzen Ei, 1 Loth Germ, Salz und Zucker rasch einen Teig anmachen und gehen lassen. Rosinen hineinmischen und runde Laibchen formen. Mit Ei bestreichen und backen. Oder nach dem Backen mit geklärter Butter bestreichen und mit Vanillezucker bestreuen.

Champagner Biscuit Ihrer Majestät
15 dkg Zucker mit 5 Eiern aufschlagen. 6 dkg Butter und 9 dkg Erdäpfelmehl einrühren. In befetteter, bemehlter Form oder in Papierkapseln backen. Mit beliebiger Glasur glasieren.

Chester Croustade Ihrer Majestät
100 g Mehl, 70 g Butter, 50 g Mandeln, 30 g geriebener Chester, 20 g geriebener Parmesan, 1 Dotter und Salz am Brett zu einem Teig arbeiten. Kleine Croustaden formen, kühl backen und mit folgender Masse füllen: 50 g Butter, 25 g geriebenenen Chester, Salz, Pfeffer und Cayennepfeffer gut verrühren. In die Croustaden füllen und mit geriebenem Chester bestreuen.

Dotter Bretzerl Ihrer Majestät
28 Loth Mehl, 20 Loth Butter, 8 Loth Zucker, 8 rohe und 8 gekochte Dotter auf dem Brett zu einem Teig abarbeiten. Bretzerl formen und am Blech backen.

Dotter Stangerln Ihrer Majestät
6 harte Dotter, 6 Loth Butter, 8 Loth Mehl, 4 Loth Zucker, Vanille am Brett zu einen Teig kneten. Ausrollen und dünne Stangerl formen. Mit verquirltem Ei bestreichen und backen.

## Sitz-Liste

### zur Allerhöchsten Tafel

am 24. April 1879, um 6 Uhr, in Wien.

| | |
|---|---|
| FZM. Graf Coronini | Erzherzog Eugen |
| Erzherzog Franz Salvator | Prinz von Schaumburg-Lippe |
| Erzherzog Otto | Erzherzog Heinrich |
| Erzherzog Rainer | Prinz August v. S.-Coburg |
| Gräfin Meran-Lamberg | Erzherzog Wilhelm |
| Herzog Philipp v. Württemberg | Fürstin Isenburg |
| Erzherzogin M. Therese Salvator | Erzherzog Friedrich |
| Herzog Wilhelm v. Württemberg | Prinzessin Louise v. S.-Coburg |
| Erzherzogin Adelgunde | Erzherzog Johann |
| Herzog von Braganza | Erzherzogin Christine |
| Erzherzogin Elisabeth | Grossherzog von Toscana |
| Herzog Ludwig in Baiern | Herzogin von Nassau |
| Erzherzogin Maria Immaculata | Erzherzog Ludwig Victor |
| Erzherzog Carl Ludwig | Erzherzogin Maria Therese |
| Prinzessin Gisela von Baiern | Herzog v. Cumberland |
| Seine Majestät der Kaiser | J. M. die Kaiserin |
| Herzogin von Cumberland | Kronprinz Erzherzog Rudolph |
| Prinz Leopold von Baiern | Grossherzogin Alice von Toscana |
| Grossherzogin Marie Antoinette | Herzog von Braunschweig |
| Herzog von Nassau | Erzherzogin Clotilde |
| Erzherzogin Marie | Erzherzog Carl Salvator |
| Erzherzog Ludwig Salvator | Prinzessin Mary von Hannover |
| Prinzessin Clementine v. S.-Coburg | Herzog Alex. v. Württemberg |
| Erzherzog Albrecht | Erzherzogin Maria Antonia |
| Herz. M. Therese v. Württemberg | Herzog Nicolaus v. Württemberg |
| Prinz Carl von Baden | Gräfin Meran |
| Erzherzog Leopold | Erzherzog Carl Stephan |
| Erzherzog Joseph | Erzherzog Sigismund |
| Prinz Philipp v. S.-Coburg | Prinz Ferdinand v. S.-Coburg |
| Erzherzog Franz Este | Erzherzog Leopold Salvator |
| Fürst von Isenburg | Graf von Meran |
| GM. Graf O'Donell | |

63 Personen.

*Gegenüberliegende Seite oben:*
*Galadiner aus Anlaß der Anwesenheit von Kaiser Wilhelm II. Hinter dem deutschen Kaiser Kaiserin Elisabeth*

*Links und gegenüberliegende Seite unten:*
*Sitzliste und Diner anläßlich der Silberhochzeit des Kaiserpaars 1879*

Dresdner Bäckerei Ihrer Majestät
20 Loth Mehl, 12 Loth Butter, 5 Dotter, etwas Salz mit 2 Loth in Obers aufgelöster Germ rasch zu einem Teig auswirken. Dem Teig zwei Touren geben, rasten lassen und dünn auswalken. Bretzerl machen oder andere Formen ausstechen, kühl gehen lassen und kühl backen.

Dresdner Salzbäckerei Ihrer Majestät
Aus 840 g Mehl, 630 g Butter, 4 1/2 dkg Germ und etwas Milch einen Teig anmachen und stark salzen. Ringerl, Stangerl und Bretzerl formen, gehen lassen. Mit Ei bestreichen und rasch backen.

Erdäpfel Krapfen (1896)
Aus 20 Loth Mehl, 12 Loth passierten, gekochten Erdäpfel, 4 Loth zerlassener Butter, 4 Dotter, 1 ganzen Ei, 1 1/2 Loth Germ, Salz und 1/2 Seidel Obers einen Germteig bereiten. Krapfen ausstechen, gehen lassen und aus heißem Schmalz backen.

*Die Hofküche in Schönbrunn, kolorierte Zeichnung, um 1880*

*Gegenüberliegende Seite: Gansleberweckerl Ihrer Majestät, Zum schwarzen Kameel (Tafelaufsatz, Dessertteller und Crèmebecher Manufaktur Minton, 1851)*

Erdbeer Flan Ihrer Majestät
12 Loth Butter, 5 Loth Zucker und 3 gekochte Dotter abtreiben, 16 Loth Mehl und eine Prise Salz einrühren. Einen niedrigen Flan backen, auskühlen lassen und mit Erdbeergelee bestreichen. Mit Staubzucker bestreuen, mit gedünsteten Ananaserdbeeren belegen und ein Gitter von Obers darüberspritzen.

Flott-Ringerln Ihrer Majestät
Aus 1/4 Pfund Mehl, 1/4 Pfund Butter, 2 Löffel sauren Rahm, etwas Zucker und Salz, 1 Dotter, etwas Germ einen nicht zu festen Teig anmachen. Über Nacht rasten lassen, dann Bretzerl oder Ringerl formen, in Eiweiß tauchen, mit Zucker und Zimt bestreuen. Umgekehrt nochmals gehen lassen und nicht zu heiß backen.

*Hofzuckerbäcker Michael Enyedy (1865–1942)*

Galette parisienne Ihrer Majestät (k.u.k. Hofzuckerbäcker Anton Rumpelmayer)
310 g Butter mit 500 g Mehl blättrig schneiden. Mit 30 g Salz, 2 ganzen Eiern und Milch zu einem Teig verarbeiten. Mit dem Nudelwalker anmachen, aber nicht abarbeiten. Ruhen lassen. Danach dreimal einfach ausrollen, das dritte Mal den Teig mit Butterstückchen in der Größe von Erbsen besäen, einschlagen und ausfertigen. In der Dicke von 1 cm ausrollen, mit Ei bestreichen und mit den Teigresten verzieren. Langsam backen.

Gansleber-Weckerl von Hofzuckerbäcker Michael Enyedy
5 dkg Germ mit lauwarmer Milch auflösen. Mit 50 dkg Mehl, 1 dkg Salz, 3 dkg Zucker, 10 dkg Butter und etwas Milch zu einem halbfesten Teig anmachen. Aufs Eis legen und nach einer Stunde in kleine Weckerl ausarbeiten; zweimal mit Ei bestreichen und gehen lassen. Langsam im Rohr backen, auf ein Sieb legen und in den Eiskasten stellen, damit sie gut auskühlen. Dann der Länge nach durchschneiden, mit Butter bestreichen, etwas salzen, mit einer Scheibe Gansleberpastete belegen und zusammensetzen.

Genfer Torte von Hofzuckerbäcker Michael Enyedy
21 dkg Zucker, 15 Dotter und 12 dkg Zucker flaumig rühren. 4 dkg Mandeln und 1 1/2 dkg bittere Mandeln mit Milch im Mörser reiben und zur Masse dazugeben. Von 10 Eiklar den Schnee schlagen und mit 15 dkg Mehl unter die Masse heben. Langsam backen. Mit Kirschwassercreme füllen und rosa glasieren.

Genois Ihrer Majestät, warm
6 Eier schwer Zucker, 6 Eier schwer Mehl, die Hälfte Erdäpfelmehl, 6 Eier schwer Butter. Die Butter gut abtreiben, Zucker und Eier warm schlagen. Nach und nach zur Butter beimengen, ebenso das Mehl. Auf einem befetteten Genoisblech backen. In Schnitten schneiden und warm servieren.

Gibraltar Schnitten Ihrer Majestät
19 dkg Butter, 19 dkg Mehl, 4 1/2 dkg Zucker, 6 harte Dotter, Vanille zu einem Teig verarbeiten. Ausgerollt auf ein Blech legen und backen. Einen Teil anzuckern, den andern gleich nach dem Backen mit Schokolade bestreuen und zusammensetzen.

Grazer Sandkuchen Ihrer Majestät
Aus 1/2 Pfund Butter, 1/2 Pfund Zucker, 10 Dottern, Vanille und 1/2 Pfund Mehl eine Sandmasse rühren. 6 Klar Schnee unterheben. Auf Backpapier aufstreichen und kühl backen. Wenn erkaltet in die Hälfte schneiden, mit Erdbeermark bestreichen und zusammensetzen.

Feiner Gugelhupf Ihrer Majestät
1 Pfund Mehl, 1/2 Pfund Butter, 3 Loth Germ, etwas Milch, 10 Dotter, 2 ganze Eier und 3 Loth Zucker. Einen Germteig anrühren und gehen lassen. Eine Gugelhupfform mit Fett bestreichen und mit Mehl bestreuen. Teig zu zwei Dritteln einfüllen, nochmals gehen lassen und backen.

Gugelhupf Ihrer Majestät
Aus 40 g Germ, 2 Kaffeelöffel Zucker, etwas Mehl und Milch ein Dampfl machen. Gehen lassen. 200 g Butter abtreiben, mit 4 Dottern, 5 Eßlöffel Zucker, 1 ganzen Ei, der Schale 1/2 Zitrone, Salz und 500 g Mehl zu einem Teig rühren. Rosinen hineingeben. Das Dampfl einmischen, wenn nötig noch etwas Milch beigeben. Eine Gugelhupfform befetten und mit Bröseln ausstreuen. Den Teig bis zur Hälfte einfüllen, nochmals gehen lassen und 3/4 Stunden backen.

Gugelhupf Ihrer Majestät von Hofzuckerbäcker Seitz (28. August 1895)
1/2 Pfund Mehl, 1 1/2 Loth Germ, 1/4 Pfund Butter, 1 1/2 Loth Zucker, ein ganzes Ei und 5 Dotter gut abarbeiten. Gehen lassen. In eine befettete, mit Bröseln bestreute Form füllen, nochmals gehen lassen und langsam backen.

Gustaf Bretzerln Ihrer Majestät
Mit 140 g Mehl, 60 g Butter, 10 g Germ, etwas Obers, 10 g Zucker und etwas Salz einen leichten Germteig machen. Kleine, dünne Bretzerl formen, gehen lassen, mit Ei bestreichen und mit Kristallzucker bestreuen. Kühl backen.

Käskrapfen Ihrer Majestät
2 Loth Butter, 8 Loth passierte, gekochte Erdäpfel, 8 Loth Mehl, 1 Ei, 4 Dotter, 3 Loth Parmesan und 1/2 Loth Germ am Brett zu einem Teig machen. Gehen lassen. Wie Krapfen ausstechen, mit Schinkenfasch füllen, die Ränder mit Ei bestreichen und zusammensetzen. Nochmals ausstechen und am Blech gehen lassen. Mit Ei bestreichen, mit Parmesan bestreuen, mit Butter beträufeln und im Rohr backen.

Käs Soufflé Ihrer Majestät
2 Loth Mehl, 1/2 Seitel Obers, 3 Loth Butter, 1 ganzes Ei, 1 Dotter und etwas Salz vermischen. Am Feuer abrühren, bis sich der Teig vom Gefäß löst. Dann 2 Dotter, 2 Loth Parmesan und 3 Klar Schnee einrühren. In eine gebutterte, bemehlte Souffléform füllen und im Wasserbad garen.

*Die Hofküche in Schloß Schönbrunn. Links Hofkoch Markus Bieberbach (1852–1939)*

Käs Soufflée Territet
1 Seidel Milch aufkochen. 100 g Butter, etwas Salz und 100 g Mehl einrühren und abbrennen, bis es sich löst. Gleichmäßig 8 Dotter hineinschlagen. Dann 180 g geriebenen Parmesan und 1/4 Seidel süßen Rahm einrühren. 9 Klar Schnee unterheben. In eine gebutterte Souffléeform füllen und im Wasserbad garen.

Käs Stangerln Ihrer Majestät
Aus 1 Seitel Wasser, 8 Loth Butter, 8 Loth Mehl, Salz, 5 ganze[n] Eier[n] einen Brandteig machen. Dann 4 Loth geriebenen Parmesan und 4 Loth in Würfel geschnittenen Emmenthaler dazugeben. Daumendicke Stangerln dressieren. Mit Ei bestreichen und backen.

Kässtangerln aus Polenta Ihrer Majestät
100 g Polenta, 70 g Butter, 70 g Parmesan, 1 ganzes Ei, etwas Salz, 2 g Weinstein und 1 g Natron am Brett zu einem Teig machen. Ausrollen und in Schnitten schneiden. Mit Ei bestreichen, mit Parmesan bestreuen und kühl backen.

Karlsbader Kipfeln Ihrer Majestät
42 dkg Mehl, 35 dkg Butter, 14 dkg Zucker, 4 Dotter, 2 dkg Germ und etwas Milch am Brett verarbeiten. Kipfeln formen, gehen lassen und backen.

Karlsbader Stangerln Ihrer Majestät
Aus 1/2 Pfund Mehl, 7 Loth Butter, 1 Loth Zucker, 1 Loth Germ, etwas Obers und Salz am Brett einen Teig machen. Ausrollen, Stangerl schneiden und backen.

Kipfel Ihrer Majestät
1 Pfund Mehl, 1/2 Pfund Butter, 12 Dotter, 2 Loth Zucker, 3 Loth Germ, 1/2 Seitel Obers, Salz. Aus den Zutaten am Brett einen Teig anmachen und 2 bis 3 Touren geben. Kipfeln formen und backen.

*Gegenüberliegende Seite oben: Das Kaiserpaar beim gemeinsamen Frühstück in der Wiener Hofburg, nach Theo Zasche*

Kirschenkuchen Ihrer Majestät
25 dkg Butter mit 30 dkg Zucker schaumig rühren. 8 Dotter, Vanille und 25 dkg Mehl einmischen. 8 Klar Schnee vorsichtig unterheben. In eine befettete, bemehlte Backform geben und mit Kirschen belegen.

Kissinger Stangeln
Dampfl von 1 Loth Germ, Mehl und etwas Milch machen. Solange stehen lassen, bis es ein Finger breit gefallen ist. Dann aus 1 Pfund Mehl, 1/2 Pfund Butter, Milch und Zucker einen leicht Teig machen, das Dampfl hinzufügen. Stangel formen und backen.

Krapfen vom Schiffskoch Ihrer Majestät
Von 4 dkg Germ, 28 dkg Mehl und der nötigen Milch ein Dampfl machen. Ist selbes gegangen, schlägt man 2 ganze Eier hinein und schlägt das Dampfl nochmals zusammen. 20 dkg Butter, 8 dkg Zucker, 10 Dotter, Salz und Vanille abtreiben. Mit dem Dampfl mischen, noch etwas mehr als 1/2 Pfund Mehl dazugeben und gut abschlagen. Die weitere Behandlung wie bei anderen Krapfen.

Kringeln (Aix-les-Bains)
250 g Mehl und 125 g Butter mit warmer Milch zu einem festen Teig anmachen. Salzen und am Eis 1 Stunde rasten lassen. Kringeln formen und backen.

Madeleines Ihrer Majestät
1/2 Pfund Butter, 20 Loth Zucker und 8 Dotter schaumig rühren. 8 Klar Schnee, 1/4 Pfund Erdäpfelmehl und 1/4 Pfund Weizenmehl unterheben. In befettete, bemehlte Model füllen und am Blech langsam backen.

Milchbrod (Aix-les-Bains)
Aus 500 g Mehl, 150 g Butter, Salz und Crème double einen Teig anmachen. In einer befetteten, bemehlten Kastenform langsam backen.

*Weichselkuchen Ihrer Majestät, Fa. Demel (Elisabethsilber, Wien ab 1852; Dessertteller aus dem Service Hofform, Wiener Manufaktur ab 1859)*

Milchbrod Ihrer Majestät
1 Pfund Mehl, 1/4 Pfund Butter, 2 Dotter, 1 ganzes Ei, 2 Loth Germ, 1 Seitel Milch, etwas Salz und Zucker am Brett oder im Weitling zu einem Teig abarbeiten. Einen Laib oder Wecken formen, gehen lassen und langsam backen.

*Unten:*
*Das Elisabethsilber. Es wurde für den Haushalt Kaiser Ferdinands in Prag 1852 angeschafft und nach seinem Tod für Kaiserin Elisabeth umgearbeitet*

Mohnstangerln Ihrer Majestät
15 g Germ zum Dampfl. 70 g Butter, etwas Salz und 2 Dotter flaumig abtreiben. 70 g Mehl löffelweise dazurühren und Zucker und das Dampfl einmischen. Kleine Laibchen formen, rasten lassen, dünn oval ausrollen, zusammenrollen und gehen lassen. Mit Ei bestreichen, mit Mohn bestreuen und heiß backen.

Mürbe Salzstangeln (Aix-les-Bains)
In 120 g Mehl 100 g Butter schneiden und verrebeln. Mit 2 Dotter und Crème double rasch zu einem Teig kneten. Stangeln formen, mit Salz bestreuen und rasch backen.

Petites salées de Clissura (Schiffskoch der Yacht Miramare)
Kleine, glatte Formen werden mit Butterteig ausgelegt, fein geschnittener Emmentalerkäse hineingegeben. Darüber gießt man ein Ei, das mit doppelt soviel Milch und etwas Salz abgesprudelt wurde. Butterstückchen darauf setzen und heiß backen. Dasselbe Rezept kann auch mit Parmesan gemacht werden.

Reichenauer Zwieback Ihrer Majestät
25 dkg Zucker mit vier Eiern aufschlagen. 25 dkg

*Die kaiserliche Familie beim Déjeuner in der Ischler Kaiservilla, nach Theo Zasche. Kaiser Franz Joseph, Kaiserin Elisabeth, Erzherzogin Gisela mit Gemahl und zwei Söhnen, Erzherzogin Marie Valerie und Erzherzog Franz Salvator*

Mehl einrühren. Daraus einen Wecken formen und 3/4 Stunden rasten lassen. Dann langsam backen. Erkaltet in Scheiben schneiden und bähen.

Riz à la chapelle Kuchen (Aix-les-Bains)
In 500 g Mehl 187 g Butter schneiden, verrebeln. 2 Dotter, 2 Eier, 2/5 l dicke Crème und 30 g Germ langsam dazugeben und gut aufschlagen. Eine gute 1/2 Stunde rühren. Zuletzt 125 g Zucker hinzufügen. In eine hohe Form geben und nicht zu heiß 1 1/2 Stunden backen. Stürzen, mit Vanillezucker bestreuen.

Seedcake Territet
1 Pfund Butter abtreiben, 12 ganze Eier, 1 Pfund Zucker und 1 Pfund Mehl einrühren. In einer befetteten, bemehlten Kastenform backen. Noch heiß mit Rum oder Kümmel übergießen.

Soufflée à la Territet
10 dkg Butter zerlassen, 10 dkg Mehl beigeben, heiß werden lassen und mit 1 1/4 Seidel Obers aufgießen, aufkochen lassen. 8 Dotter und 9 Klar Schnee einrühren, 1/4 Seidel Schlagobers und 18 dkg Parmesan beifügen. In eine befettete Souffléeform füllen und im Wasserbad garen.

Soufflée Territet
Von 1/4 l Obers 3 Eßlöffel zur Seite geben. Das Obers mit 40 g Butter und 40 g Mehl aufkochen. Noch warm 3 Dotter einrühren. Die Masse erkalten lassen. 70 g Parmesan mit dem restlichen Obers verrühren und in die Masse geben. 4 Klar Schnee unterheben. In eine ausgefettete Souffléeform füllen und im Wasserbad im Rohr garen.

Speckkuchen Ihrer Majestät
12 Loth Mehl, 3 Loth zerlassene Butter, 1 Loth Germ, 1 ganzes Ei, etwas Zucker und Salz, 1/2 Seidel Obers vermischen. Den Teig gut abschlagen und gehen lassen. Einen fin-

gerdicken, runden Kuchen formen und diesen nochmals gehen lassen. Dann mit Ei bestreichen, mit in Würfel geschnittenem Schinkenspeck stark bestreuen, ziemlich heiß backen und warm servieren.

Strauben Ihrer Majestät
1 Seidel Mehl mit 1 Seidel Wasser und 3 Loth Schmalz abbrennen. Zucker, Salz und 7 ganze Eier einrühren. Durch einen Trichter in heißes Fett laufen lassen, einmal umdrehen und heiß über einen Nudelwalker legen.

Strizel (Aix-les-Bains)
250 g Mehl, 150 g Butter, Salz, ein ganz wenig Zucker, mit Crème double zu einem festen Teig anmachen. Am Eis ruhen lassen. Dann ausarbeiten, einen Strizel formen und backen.

Teebäckerei Ihrer Majestät (Hofzuckerbäcker Franz Benedikter)
Auf dem Brett 42 dkg Mehl, 35 dkg Butter, 14 dkg Zucker zu einem Teig kneten und ausrollen. Runde Kekse ausstechen und auf Papier kühl backen. Mit Schokoladeglasur aus 25 dkg Schokolade, 20 dkg Zucker und 1 Seidel Wasser bestreichen.

Tiroler Knödel Ihrer Majestät
Man schneide abgerindelte Semmeln klein würfelig, auch ganz wenig Schwarzbrot, röste geselchten Speck ab und menge ihn unter die Semmeln. Dann schneidet man mageres, ungekochtes Selchfleisch sehr kleinwürfelig und gibt es dazu. Salzen. Kurz vor dem Kochen mischt man es mit ganzen Eiern und Milch und macht es mit wenig Mehl zurecht.

Topfen Nudeln Ihrer Majestät
24 Loth Mehl, 4 Loth zerlassene Butter, 16 Loth passierten Topfen, 3 Dotter, 2 ganze Eier, 1/2 Seidl lauwarmes Obers mit 1 Loth aufgelöster Germ, etwas Salz und Zucker im Weitling zu einem Teig schlagen. Gehen lassen. Fingerlange und -dicke Nudeln ausrollen, auf einer mit Mehl bestäubten Serviette gehen lassen und backen wie Faschingskrapfen. Warm servieren.

Vanillekrapfen Ihrer Majestät
3/10 l Milch, 4 Loth Butter, 4 Loth Zucker, Salz, 12 Loth Mehl, 3 ganze Eier, 3 Dotter

*Die Veranda der Hofküche in Ischl. Von rechts nach links die Hofköche Skoda, Munsch, Germershausen, Weber und Hampel*

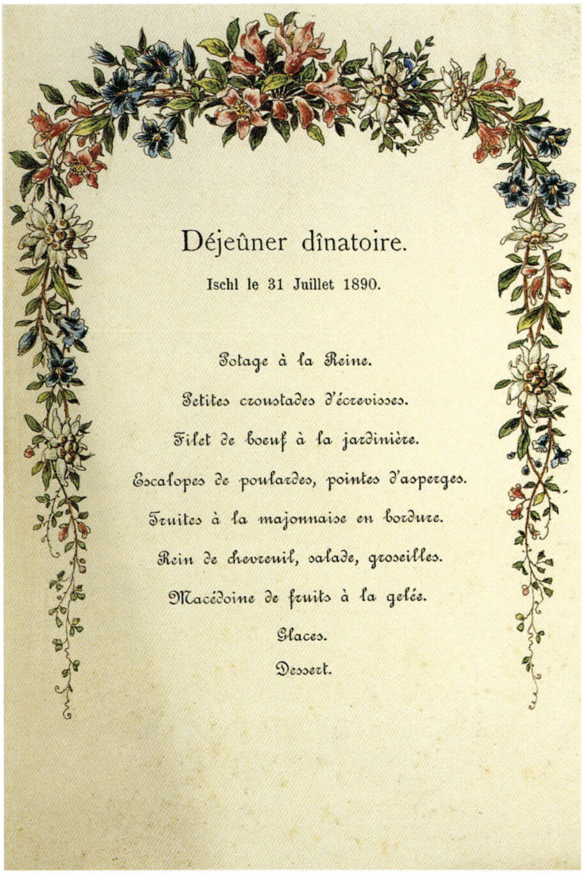
Déjeûner dînatoire.

Ischl le 31 Juillet 1890.

Potage à la Reine.

Petites croustades d'écrevisses.

Filet de boeuf à la jardinière.

Escalopes de poulardes, pointes d'asperges.

Truites à la majonnaise en bordure.

Rein de chevreuil, salade, groseilles.

Macédoine de fruits à la gelée.

Glaces.

Dessert.

und viel Vanille zu einem Teig rühren. Beliebige Formen auf Papier spritzen, mit Grobzucker bestreuen und kühl backen.

Vanillezwieback Ihrer Majestät
280 g Zucker (mit starkem Vanillegeschmack) werden mit 5 ganzen Eiern und 8 Dottern eine halbe Stunde abgeschlagen, mit 420 g Mehl gemischt, zu einem Stritzel formirt und bei mittlerer Hitze gebacken. Der Stritzel wird noch warm aufgeschnitten und die Scheiben gebäht.

Veilchen Gefrorenes
Frische Veilchen läßt man in Milch aufkochen und ausziehen, passiert sie, bereitet damit eine Crème à l'Anglaise, färbt sie violett und gefriert sie.

Wecken Ihrer Majestät
(Madonna di Campiglio, 1894)
Aus $^{1}/_{2}$ l Milch, 8 dkg Zucker, 30 dkg Butter, 4 ganzen Eiern, 4 dkg Germ und dem entsprechenden Mehl einen Teig bereiten. Einen Wecken formen, gehen lassen und langsam backen.

Weichselkuchen Ihrer Majestät
(Hofkoch Emil Gnöpff)
$^{1}/_{4}$ Pfund Butter, 3 Loth Zucker, 1 rohen, 2 gekochte Dotter und 10 Loth Mehl zu einem Teig kneten. Eine Tortenform auslegen und blind backen. Mit Weichselmarmelade füllen und aus dem restlichen Teig ein Gitter flechten. Die Torte damit belegen und langsam backen.

*Oben:*
*Menukarte anläßlich der Vermählung von Erzherzogin Marie Valerie und Erzherzog Franz Salvator, Ischl 1890*

*Rechts:*
*Das Hofküchengebäude in Ischl*

Weinklöschen Ihrer Majestät (Lainz)
3 Eßlöffel Zucker werden mit 3 Dotter flaumig gerührt, dann werden 8 Loth fein gestoßene Mandeln, etwas gewiegte Zitronenschale, Zimt, 1 El Arrack, 3 Eßlöffel Semmelbrösel und zuletzt der Schnee von 3 Eiern eingemischt. Diese Masse wird mit einem Löffel zu Klöschen ausgestochen, in heißer Butter gebacken und in die dazu bestimmte

*Rosa gebratenes Rindsfilet mit Spargel, Zum schwarzen Kameel (Porzellan Hofform, Wiener Manufaktur ab 1859; Prismenschliffservice; Besteck aus dem Wiener Hoftafelsilber ab 1834)*

Schüssel gegeben. Nun wird ½ l guter, alter Rheinwein mit einem Stengelchen Zimt, einigen Nelken und 6 Loth Zucker gekocht, durchseiht und über die Klöse gegossen. Der Wein wird abgegossen und nochmals darübergegeben und die Schüssel zugedeckt eine Weile stehen lassen, bis die Klöschen ziemlich viel Wein eingezogen haben.

Zuckerteig für Ihre Majestät

12 dkg Mehl, 9 dkg Butter, 3 dkg Zucker, 2 Dotter, etwas Wasser und Vanille am Brett zu einem Teig verarbeiten. Ausrollen.

Oder: 36 dkg Mehl, 18 dkg Butter, 13 dkg Zucker, 6 Dotter und Geschmack (Vanille, Schokolade, Zimt etc.)

Dieser Teig wird sternförmig ausgestochen, ein Ring mit Eierglasur darauf gespritzt und langsam gebacken.

Zwiebelkuchen Ihrer Majestät von Hofzuckerbäcker Seitz

5 – 6 Stück weiße Zwiebel werden in Scheiben geschnitten, in Wasser einmal aufgekocht und auf ein Sieb zum Abtrocknen gelegt. Dann mit Butter weichdünsten. 1 Kaffeelöffel voll Mehl, ½ Seidel Rahm und 2 Dotter glattrühren und den Zwiebel hineinmischen. Einmal aufkochen lassen, salzen und kalt stellen.

Ein Tortenreif wird mit Butterteig ausgelegt, mit der Masse gefüllt, mit in Würfel geschnittenem Brustspeck belegt, mit Kümmel bestreut und ziemlich heiß gebacken (ca. 20 Minuten). Heiß servieren.

Auch diese Rezepte sind im Originalwortlaut wiedergegeben. Sie stammen zum Teil aus der Rezeptsammlung des Hofkochs Friedrich Hampel, der seine und die Rezepte seiner Kollegen in den zwanziger Jahren des 20. Jahrhunderts veröffentlichte. In zahlreichen Fällen ist die französische Schreibweise im Original orthographisch nicht korrekt.

*Suppen*

Potage crème de volaille aux croutons
Ein vorgerichtetes Huhn wird zusammen mit Wurzelwerk und 6 dkg Reis und einigen Pilzen gedünstet, aus der Kasserolle genommen, von den Knochen gelöst und das reine Fleisch im Mörser feingestoßen; zum Schlusse wird der Reis damit verrührt, das Ganze mit Suppe verdünnt und durch ein Haarsieb (besser Haartuch) passiert. 5 dkg Butter und 6 dkg Mehl werden etwas angeröstet, mit 1 1/2 bis 2 l Suppe aufgegossen, verkocht, abgeschaumt, mit dem vorbereiteten Hühnerpüree glatt verrührt, im Bainmarie warmgestellt, legiert, gesalzen, abgekostet und zu Tisch gereicht. Gebähte Croutons werden separat mitgegeben (Hofkoch Adolf Rußwurm).

Potage crème d'asperges
Von 1 kg Spargel (kein grüner) wird das Holzige abgebrochen. Die guten Stangenteile werden entblättert, geschaben, gewaschen, in 1 cm lange Stückchen geschnitten, in Salzwasser weichgekocht, abgeseiht und als Suppeneinlage bereitgehalten. Das Spargelwasser wird nicht weggeschüttet; damit werden die anderen, holzigen kleingeschnittenen Spargelstücke 3/4 Stunden ausgekocht, das Spargelwasser geseiht, zu 1 1/2 l mit Suppe ergänzt, mit 6 dkg Butter und 6 dkg Mehl gebunden, 15 Minuten gekocht, abgeschaumt, abgefettet, legiert, über die vorbereiteten Spargelstücke geseiht, abgekostet und hiezu Semmelschnitten separat gereicht.
[Zu diesem klassischen Suppenrezept zog Kaiserin Elisabeth als Einlage *quenelles de volailles* vor.]

La crème d'orge
25 dkg grobe Gerste werden ausgesucht, nicht gewaschen, mit 6 dkg Butter etwas angeröstet, 2 dkg Mehl damit verrührt, mit 1 1/2 l guter Rindsuppe aufgegossen, zum Kochen gebracht, nach zwei Stunden durch ein Haarsieb (besser Passiertuch) gestrichen, heißgestellt, gesalzen, legiert und gereicht. Der Geschmack wird verbessert, wenn einige Champignonabfälle und das Grüne einer Sellerie mitgekocht werden.

Potage crème de faisan aux croutons
Zwei Stück Fasanen werden nach bekannter Art vorbereitet, gerupft, flambiert, ausgenommen, abgewischt, dressiert und nicht zu lange gebraten. Abgekühlt werden sie regelrecht zerschnitten, die Haut abgezogen, alles Fleisch ausgelöst, mit ca. 6 dkg guter Butter und einigen Löffeln brauner Sauce im Steinmörser feingestoßen und durch ein Haarsieb gedrückt.
Zur selben Zeit werden 1 1/2 l Wildsuppe (auch Rindsuppe) zum Kochen gebracht, alle Abfälle der Fasanen dazugegeben, 30 Minuten langsam gekocht, öfter abgeschaumt und dann geseiht. Das Fasanpüree wird mit der erhaltenen Suppe vermittels einer Schneerute am Rande des Ofens solange abgerührt, bis die Suppe tüchtig heiß ist, nun durch ein Passiertuch gestrichen und im Wasserbad bereitgestellt. Die Suppe darf nicht mehr kochen, weil sie sonst, auch ohne mit Ei legiert zu sein, zusammenrinnt. 15 Minuten vor dem Gebrauche wird die Suppe mit drei Dottern und drei Löffeln Schlagobers legiert, abgekostet und über die bereitgehaltenen Croutons geschüttet.

Potage Reine de becasses à la Royale
Drei Rebhühner werden, wie ohnehin bekannt ist, vorgerichtet, gesalzen, nicht zu stark gebraten, in eine Kasserolle gegeben, mit einem Löffel Mirepoix, einem Glas Rotwein, einigen Schwämmen und Gewürzen durchaus weichgedünstet, herausgenommen, von zwei Rebhühnern die Brust ausgelöst, zwischen zwei flachen Deckeln flachgedrückt und

*Blick in die große Hofküche*

ausgekühlt. Alles übrige Fleisch wird von den Knochen ausgelöst, in einem Steinmörser gestoßen und durch ein Haarsieb passiert. Der Rebhühnerfond wird abgefettet, mit 1 ½ l Rind- (besser Wild-) Suppe 10 Minuten gekocht, abgeschaumt, das erhaltene Rebhühnerpüree damit verrührt, durch ein Passiertuch gestrichen, warmgestellt umd zum Schlusse legiert. Die Brüstchen werden in gleichförmige Stiftchen geschnitten und dienen als Suppeneinlage.

*Rindfleischgang*

Filet de boeuf à la jardinière, pointes d'asperges, sauce Madeira
Rosa gebratenes Filet wird in gleichmäßige Scheiben geschnitten. Als Garnitur dienen gedünstete Julienne von Wurzelgemüse und gekochter Spargel. Sauce Madeira dazu reichen.
Diese Speise mochte die Kaiserin besonders. Sie konnte mit folgenden Garnituren abgewandelt werden:

Epinards à la crème [Creme-Spinat]
Pommes de terre (meist Salzkartoffeln)
Haricots verts [Grüne Fisolen]
Heurige Erdäpfel
Pois verts [Grüne Erbsen]
Laitues [Kopfsalat]
Petites carottes [Kleine Möhrchen]
Salade à la crème [Pürierter Kopfsalat, legiert mit flüssigem Obers]
Chicorée

Auch Roastbeef wurde meist mit Sauce Madeira serviert, dazu nahm Sisi bisweilen frischen Kren. Ebenso zubereitet (am Rost) und garniert wurden Lammrücken, Lammkoteletten und Côte de boeuf. Diese Speisen schätzte die Kaiserin auch (in Madeira) braisiert.

*Braten*

Braten für die Kaiserin wurden am Spieß zubereitet. Folgende gehörten zu den Speisen, die sie schätzte:
Fasan (Spinat, Spargelspitzen, gemischter Salat)
Steirischer Kapaun (Salade à la crème)
Rehrücken (grüne Erbsen, Stachelbeersauce)
Französisches Geflügel (Kresse, Spargelspitzen, Salade à la bechamel)
Wachteln (mit Croutons, Salat, grüne Bohnen)

*Garnituren zu den Fleischspeisen für Ihre Majestät*[98]

Markrissolen in Butterteig
Aus dem Ofen gebacken

Markrissolen in Butterteig
Paniert, mit Schmalz gebacken. Das Mark wird ausgewässert, roh in Haselnuß große Stücke geschnitten, Salz, Petersil, etwas Glace.

*Gegenüberliegende Seite: Vanillezwieback Ihrer Majestät, Fa. Demel (ungarisches Steingutgeschirr aus der Kammermeierei Ihrer Majestät um 1895; Kerzenleuchter Berndorfer Metallwarenfabrik 1895)*

*Unten: Ungarisches Steingutgeschirr aus der Kammermeierei der Kaiserin*

Markknödel
Kleine mürbe Laibel abreiben, einen runden Deckel ausstechen, mit einem großen Stück Mark, das in lauwarmem Wasser ausgewässert wurde, füllen, in Milch einweichen und aus dem Schmalz gebacken.

Markcroustaden
Auf Brot ein großes Stück warmes Mark daraufgeben.

Käsestangeln
Fingerlange Stangeln von Butterteig aus dem Schmalz backen.

Käsetartelettes (vom Schiffskoch Clissura)
Flache Teigcroustaden mit Emmentalerscheiben in quadratischer Form belegen. Ein Ei mit etwas Milch absprudeln, darübergießen, etwas Butter darauf und à la minute aus dem Ofen backen.

Rahmblätter
Blätterteig mit Hachis füllen. Drei Lagen aufeinander setzten, mit frisch geriebenem Parmesan bestreuen und à la minute backen.

Carnets à la hongroise
Kipfel abreiben, aushöhlen, mit Lammspörkölt-Hachis füllen, in Ei und Milch wenden, panieren, aus dem Schmalz backen.

*Gemüse*

Artischockenböden
Frischgekochte oder Artischocken aus der Dose verwenden. Letztere müssen gut abtropfen. Unterdessen werden 5 bis 10 gehackte Schalotten in Öl angeröstet, dann kommen einige Löffel grüner Petersilie und gehackte Pilze dazu, ebenso mehrere ausgedrückte Tomaten, läßt alles gut verdünsten, gießt ein Glas Weißwein dazu, würzt mit Salz, etwas Pfeffer und Knoblauch, macht die Artischocken darinnen heiß, richtet sie an und gießt die Soße darüber.

Artischockenpüree
12 frischgekochte oder konservierte Artischockenböden werden blättrig geschnitten, mit 1/4 l Bechamelsoße eingedickt, gewürzt, durch ein Haarsieb gedrückt, heiß gemacht, 6 bis 8 dkg Butter daruntergerührt, mit etwas Suppenglace abgeschmeckt und in Muscheln angerichtet zur Garnitur verwendet.

Chicorée à la crème
Ungefähr ein Dutzend schöne Chicorée-Köpfe werden geputzt, die grünen Blätter entfernt, öfter gewaschen, die Stiele an ihren Enden kreuzweise eingeschnitten, in kochendes Salzwasser eingelegt, 20 bis 25 Minuten blanchiert, abgeseiht, in kaltem Wasser abgekühlt, tüchtig ausgedrückt und fein gehackt. Nun werden ungefähr 6 bis 8 dkg feine Tafelbutter heiß gemacht, das Gemüse wird unter Rühren solange damit anpassiert, bis es womöglich trocken ist, dann mit Salz, Pfeffer und etwas Muskatnuß gewürzt, 2 bis 3 Löffel voll Bechamelsoße dazugegeben und 15 bis 20 Minuten verkocht. Nun wird der Geschmack durch einige Löffel Suppenglace gehoben, zum Schluß noch zirka 5 dkg frische Butter und 2 dl Schlagobers darunter vermengt, abgeschmeckt und in eine tiefe Gemüseschale angerichtet. Feiner wird das Gemüse, wenn es wie ein Püree durch ein Haarsieb passiert wird.

Grüne Erbsen
1 l frisch ausgebrochene, zarte Erbsen kommen in eine genügend große Kasserolle, dazu ein mit Faden gebundenes Büschchen von 1 Kopfsalat, 2 Petersilienzweigen und 2 Kerbelzweigen, ferner 2 kleine Zwiebel, 10 dkg frische Butter, 1 dkg Salz, 2 dkg Staubzucker. 20 Minuten vor dem Gebrauch wird die Kasserolle mit 3 Eßlöffeln Wasser auf die Platte gestellt. Nach dieser Zeit werden die Erbsen zurückgezogen, das Büschchen herausgenommen, nochmals mit einem Stückchen frischer Butter geschwenkt, abgekostet, angerichtet und mit Croutons umlegt.

Macedoine de légumes
Goldrüben, Sellerie, Kohlrüben werden geschält, in kleinere Würfel geschnitten oder in beliebiger Form ausgestochen, in Salzwasser gekocht und abgeseiht. Auch Blumenkohl wird gekocht, in kleine Röschen geteilt, abgeseiht und bereitgestellt, desgleichen grüne Erbsen und kleingeschnittene grüne Bohnen. 20 Minuten vor dem Gebrauch werden in einer flachen Kasserolle 10 dkg Butter heiß gemacht, alles vorbereitete Gemüse damit geschwenkt, gesalzen, mit einem Stückchen Suppenglace und einigen Löffeln Soße gebunden, gehackte, frische Petersilie darübergestreut, abgekostet und angerichtet.

Spargel
Gekochter grüner oder weißer Spargel wird angerichtet und mit Butterbröseln oder geklärter Butter gereicht.

*Fische und Meeresfrüchte*

Kaiserin Elisabeth schätzte Fische und Meeresfrüchte besonders. Fische verspeiste sie meist blaugesotten. Zu ihren Lieblingsvorspeisen zählten Kaviar und Austern.

Franz Joseph Benedikter
1844 (Wien) – 1910 (Langenzersdorf)
Zuckerbäckerlehrling bei Demel
Anstellung bei Hof 1873
ab 1876 Kammerdiener und Zuckerbäcker bei Kaiserin Elisabeth
begleitete sie auf ihren Seereisen
1881 Zuteilung zu Kronprinz Rudolf nach Prag

Markus Bieberbach
1852 (Thüringen) – 1939 (Wien)
1868–1871 Kochlehrling in Thüringen
ab 1871 Küchenjunge in der Wiener Hofküche
Mehlspeiskoch
„Die höchstmögliche Anerkennung wurde ihm seinerzeit dadurch zuteil, daß er auf Allerhöchstpersönlichen Wunsch weiland Ihrer Majestät durch Jahre hindurch auserwählt war, die Frühstücksbäckereien und Mehlspeisen für weiland Ihre Majestät … bereiten zu dürfen. Diese Kommandierung hat dem Genannten wohl einerseits wiederholt das Allerhöchste Lob eingetragen, war aber andererseits mit einer solchen Verantwortung und peinlichsten Gewissenhaftigkeit verbunden, daß sie die Ursache eines schweren Nervenleidens wurden …“.[99]

Jean Clerc
ca. 1821 (Frankreich) – 1864 (Wien)
Koch von Baron Mertens in Triest; kochte für Kaiser Franz Joseph bei dessen Triestaufenthalt
Aushilfskoch bei den Vermählungsfeierlichkeiten für Kaiser Franz Joseph und Elisabeth
Küchendienst bei den Kuren der Kaiserin in Kissingen
Es unterliegt keinem Zweifel, „daß die Küche zu Kissingen aus kalten und feuchten Räumen bestand und … daß dieser Koch in Folge übermäßiger Selbstüberbürdung & Anstrengung im a.h. Dienst starb“.[100]

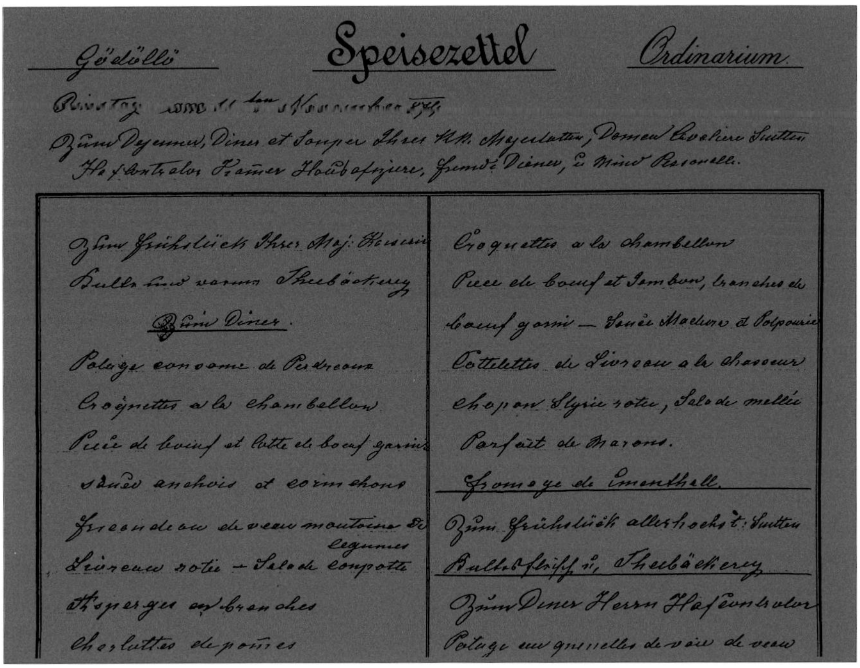


*Speisezettel für den Dienstgebrauch der Hofköche*

*Rosa gebratenes Lammfilet mit Gemüse und Erdäpfeln, Zum schwarzen Kameel (Bratenschüssel aus dem Seereiseservice Ihrer Majestät, Berndorfer Metallwarenfabrik um 1890; Porzellan aus dem dem Meissener Service, Marcolini nach 1776; Karaffe und Rotweinglas aus dem Prismenschliff-service, ab 1828)*

Hubert Germershausen
1875 (Neuberg, Stmk.) – 1937 (Wien)
Kochlehre beim Delikatessenhändler Hilarius Fournier
ab 1893 Küchenpraktikant in der Hofküche
Spezialist für das Arrangement ganzer Diners, der Herstellung von Entrées und Mehlspeisen
In den letzten Lebensjahren von Kaiserin Elisabeth versah Germershausen abwechselnd mit Rudolf Munsch den Dienst in ihrer Separatküche.

Carl Gruber
1838 (Wien) – ? (1898 pensioniert)
Zuckerbäcker
Wanderjahre in Deutschland, England und Frankreich
arbeitete in der Fabrik Pischinger
ab 1870 bei Hof
wurde für seine Leistungen beim Aufenthalt der Kaiserin in Feldafing 1877 besonders gelobt

Karl Kienberger
1823 (Wien) – 1902 (Wien)
gelernter Koch
ab 1844 in der Hofküche
Ab 1874 Funktion eines Chefkochs, weil er „in allen Zweigen des Küchendienstes sehr geschickt und verläßlich, ungemein eifrig und insbesondere leistungsfähig ist, mit Ihrer Majestät der Kaiserin die Reisen nach Madera und Corfu … mitgemacht hat“.[101]

Alois Koch
?–1877 (Wien)
1840 Gehilfskoch

1853 Hofmundkoch
In den sechziger Jahren vor allem Dienst bei Kaiserin Elisabeth; begleitete sie immer wieder nach Kissingen, weil er am besten mit der Zubereitung der Speisen nach den Kurvorschriften vertraut war.

François Jean Legrand
1842 (Boissis, Frankreich) – 1893 (Wien)
Lebte vor seiner Anstellung bei Hof in Großbritannien, wo er für Kaiserin Elisabeth gekocht haben dürfte; begleitete sie auf den Jagdreisen nach England und Irland
1879 Aufnahme bei Hof

Maximilian Mayer
?–1872 (Wien)
Koch bei Graf Philipp von Stadion und Baron Pereira
1840 Anstellung bei Hof
begleitete Kaiserin Elisabeth 1861 nach Madeira, 1862 nach Korfu und Venedig
ab 1870 in der kleinen Mundküche für Kronprinz Rudolf und Erzherzogin Gisela

Rudolf Munsch
1865 (Wien) – 1934 (Wien)
Kochlehre im Hotel Imperial
Koch im Jockey Club und bei Baron Franchetti in Treviso
ab 1887 in der Hofküche
anfänglich Kaiserin Elisabeth zugeteilt
letzter Chefkoch der Hofküche

Andor Nowy
1841 (Puszta Alma, Ungarn) – 1896 (Wien)
Zuckerbäcker, sammelte Erfahrungen bei Demel und Gerstner

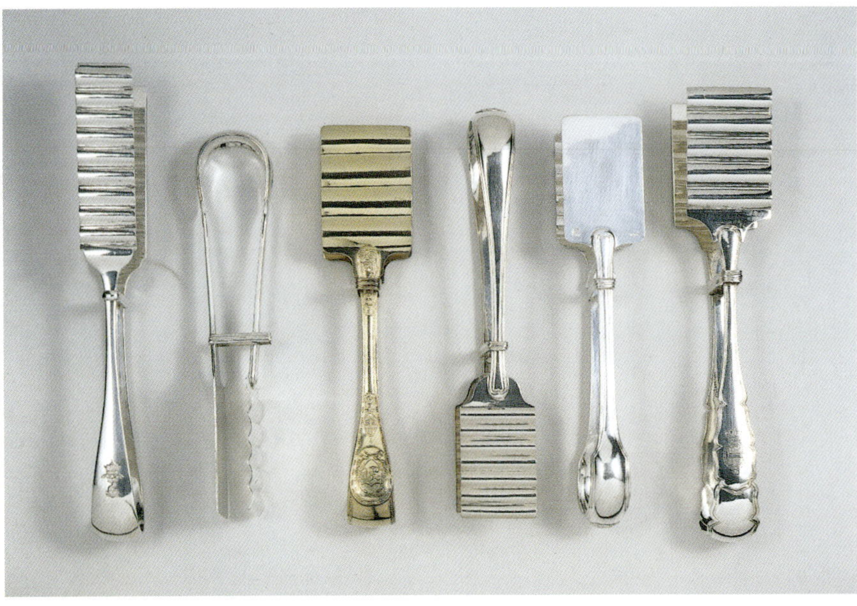

*Oben:*
*Spargel, angerichtet auf einer Vermeilschüssel, dahinter das Ischler Knorrenservice*

*Unten:*
*Spargelzangen aus Silber und Vermeil (vergoldetes Silber) aus der kaiserlichen Silberkammer. Spargel zählte zu den Lieblingsgerichten Sisis*

1865 bis 1867 Aushilfszuckerbäcker bei den Hofreisen nach Ungarn
ab 1870 bei Hof
in den darauffolgenden Jahren war er „mit der Bereitung der Molkenmilch für Ihre Majestät ... beschäftigt"[102]

Gustav Seitz
1854 (Tyrnau, Ungarn) – ? (kehrte 1918 nach Ungarn zurück)
Zuckerbäckerlehre in Tyrnau
Gehilfe bei Carl Schelle und Demel in Wien
ab 1881 Zuckerbäcker bei Hof
1887 bereits Zuckerbäcker für Kaiserin Elisabeth, „welcher seit zwei Jahren den heiklen Dienst der Bereitung der sauren Milch und der Theebutter für Ihre Majestät die Kaiserin sowohl in loco als auch auf allen Reisen zu versehen hat"[103]
„Lieblingszuckerbäcker" der Kaiserin: „Seitz war durch mehr als 14 Jahre mit der Dienstleistung bei weiland Ihrer Majestät der Kaiserin und Königin sowohl in Wien als auch auf Reisen betraut und hat sich stets die volle Zufriedenheit Ihrer Majestät zu erwerben gewußt."[104]

*Gegenüberliegende Seite: Rechnung des k.u.k. Hoflieferanten Alois Stiebitz (Zum schwarzen Kameel) für Kaiserin Elisabeth*

Richard Skoda
1846 (Slawentzitz, preuß. Schlesien) – 1925 (Wien)
Herrschaftskoch
Aushilfskoch bei Hof während der Wiener Weltausstellung 1873
ab 1874 Hofkoch
1877 der Separatküche Kaiserin Elisabeths zugeteilt
ist „seit vier Jahren in permanenter Verwendung in der Separatküche Ihrer Majestät der Kaiserin und wurde ihm anläßig des Austrittes des Hofkochs Gnöpf aus dem Hofdienst über allerhöchsten Befehl Ihrer Majestät der Kaiserin der selbständige Dienst in dieser Küche übertragen"[105]

Julius Wildauer
ca. 1835 (Wien) – 1890 (Wien)
1872 provisorischer Hofkoch
1877 mit der Funktion eines Chefkochs betraut
1879 in die Separatküche von Kaiserin Elisabeth versetzt
versah auf vielen ihrer Reisen Dienst

Wilhelm Ziffermayer
1831 (Panisova, Serbien) – 1892 (Wien)
Zuckerbäckerlehre in Panisova und Budapest
Anstellung bei Demel
ab 1854 Zuckerbäcker bei Hof
1861 und 1862 bei den Reisen der Kaiserin nach Madeira, Korfu und Venedig

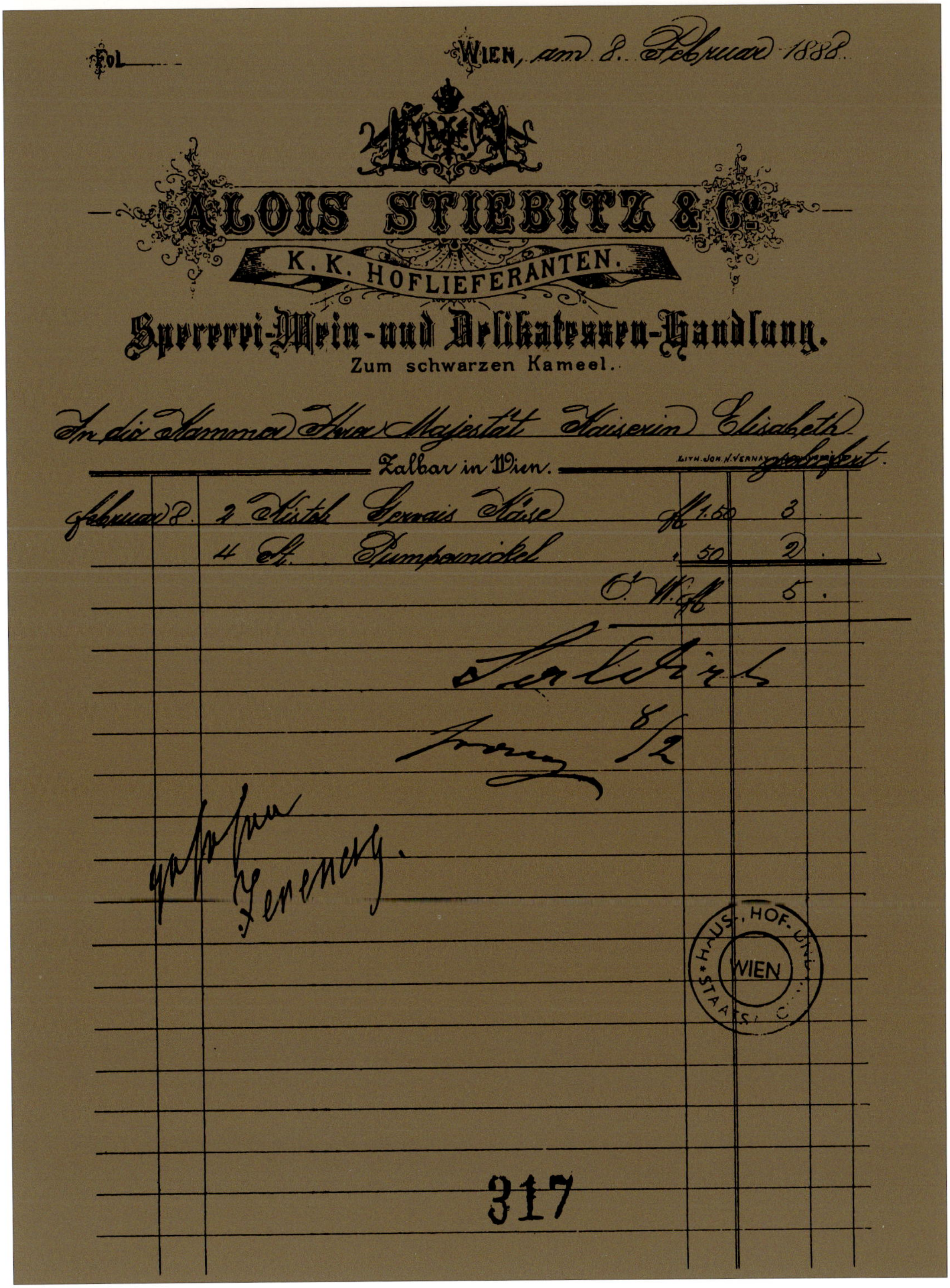

Fol. ____

Wien, am 8. Februar 1888.

ALOIS STIEBITZ & Co.

K. K. HOFLIEFERANTEN.

Specerei-Wein- und Delikatessen-Handlung.

Zum schwarzen Kameel.

An die Kammer Ihrer Majestät Kaiserin Elisabeth

Zalbar in Wien. Lith. Joh. N. Vernay geliefert.

| | | | | |
|---|---|---|---|---|
| Februar 8. | 2 Kistch. Gervais Käse | fl 1.50 | 3 | . |
| | 4 St. Pumpernickel | .50 | 2 | . |
| | | Ö. W. fl | 5 | . |

Stiebitz

Ferenczy 8/2

gesehen Ferenczy.

HAUS-, HOF- UND STAATS- WIEN

317

Die nachstehenden Menufolgen und Speisezettel – hier in Originalschreibweise wiedergegeben – wurden teilweise für die Monarchin zusammengestellt; andererseits handelt es sich um Speisepläne von offiziellen Anlässen, an denen Kaiserin Elisabeth teilnahm. Dabei ist nicht mehr feststellbar, wieviel sie von den verschiedenen Gängen zu sich nahm. Die Menus sind chronologisch geordnet und ergeben so einen Überblick über die Eßgewohnheiten der Kaiserin über einen Zeitraum von fast vierzig Jahren. Sie zeigen ihre Vorlieben, aber auch, wie heikel und penibel die Monarchin bei ihren Mahlzeiten war.

*Gegenüberliegende Seite: Potage de faisan aux croûtons, Zum schwarzen Kameel (Wiener Hoftafelsilber ab 1834; Suppenteller aus dem Service Hofform; Wiener Manufaktur ab 1859; Karaffe und Suppenweinglas, Blätterschliffservice, J. & L. Lobmeyr, ab 1864/66)*

- *Kammerball 25. Jänner 1860*[106]

Le consommé de volaille
La crème d'orge
La terrine de Strassbourg à la gelée
Les chapons aux huîtres
Les faisans à la broche
La salade mêlée
La compôte mêlée aux prunes de Bordeaux

*Oben: Roastbeef mit Gemüse und frischem Kren, Zum schwarzen Kameel (Vermeilservice; Mousselineglasservice, J. & L. Lobmeyr)*

Saftgefrorenes von Ananas
Milchgefrorenes von Karamel und Haselnüssen
Granités von Mandeln, Ribiseln und Kaffé
Abgüsse von Himbeeren
Mandelmilch und Orangeade

*Hühnerkraftsuppe*
*Gerstenschleimsuppe*
*Terrine nach Straßburger Art*[107] *mit Aspik*
*Kapaune mit Austern*

*Fasane vom Spieß*
*Gemischter Salat*
*Gemischtes Kompott mit Zwetschken aus Bordeaux*

*- Speisezettel bei der hohen Anwesenheit Ihrer Majestät der Kaiserin Elisabeth von Österreich, der Frau Herzogin Max von Bayern und der Königin Marie von Neapel, am 8ten September 1862*[108]

*Diner am 8ten, 10 Gedecke*
Königin Suppe
Seekrebs mit Majones
Forellen mit Holandessoß
Fille mit jungen Gemüsen garnirt u. Madera Soß
Blumenkohl mit gefühlte Schwämme
Rehfille mit Trüffel
Haselhühner, Salat
Aprikosen Geschaumtes
gemischtes Kompot
Deser in reicher Auswahl
Eis in Blumenkorb
Ananas und schönes Obst
Kaffee

*- Verstärktes Frühstück für Ihre Majestät in Geiselhöring 1863*[109]
Kaffee, Tee
frische Butter
frisches Obst (besonders Walderdbeeren)
Koteletten (vom Kalb)
Beefsteaks mit heurigen Erdäpfeln
einige Flaschen Bier

Kaiserin Elisabeth befand sich auf dem Weg nach Bad Kissingen zur Kur. Das Bahnhofsrestaurant bereitete das Essen vor; für die Mahlzeit standen bloß 30 Minuten zur Verfügung.

*- Krönungstafel, 8. Juni 1867*[110]
Le potage Sévigné
La mayonnaise de volailles à la gelée
Les petits pâtés à la minute
La pièce de bœuf garnie à la bretonne
Le punch glacé aux oranges
Le suprême de foie gras à la Clermont
La macedoine de légumes garnie d'artichauts farcis
La salade mêlée
Le flan de fruits à l´ambassadrice
La gelée au vin de Champagne
La compôte mêlée
Le fromage de Chester
Les glaces aux cerises d´Espagne, pêches et café
Les fruits
Les biscuits
Les sucreries
Le café
Les liqueurs: anisette et curaçao

*Sévigné-Suppe*[111]
*Gesulzte Geflügelmayonnaise*

*Kleine Pasteten rasch gebacken*
*Tafelstück vom Rind nach Art der Bretagne*[112]
*Halbgefrorener Orangenpunsch*
*Gänseleberscheiben nach Clermont*[113]
*Mischgemüse garniert mit gefüllten Artischocken*
*Gemischter Salat*
*Obstkuchen nach Botschafterinnenart*
*Champagnersulz*
*Gemischtes Kompott*
*Chesterkäse*
*Gefrorenes von spanischen Kirschen, Pfirsichen und Kaffee*
*Obst*
*Bäckerei*
*Konfekt*
*Kaffee*

*- Menu 9. Juni 1867 (Budapest)*[114]
Le potage aux quenelles de dindons à la dauphine
L'aspic de volaille à la russe
Les petits pâtés à la palestine
La pièce de boeuf garnie à l'Impériale
Le punch fouetté aux anannas
Le sauté de filets de chevreuil à la purée chasseur
Les haricots verts à l'anglaise garnis de cervelles de veau à la villeroi
Les jeunes poulardes à la broche
La salade mêlée
Le plum pouding à la française
La compôte mêlée aux prunes de Bordeaux
Le fromage de Liptau
Les glaces aux framboises, oranges et crème feuilletée
Les fruits
Les biscuits
Les sucreries
Le café
Les liqueurs: allasch et curaçao

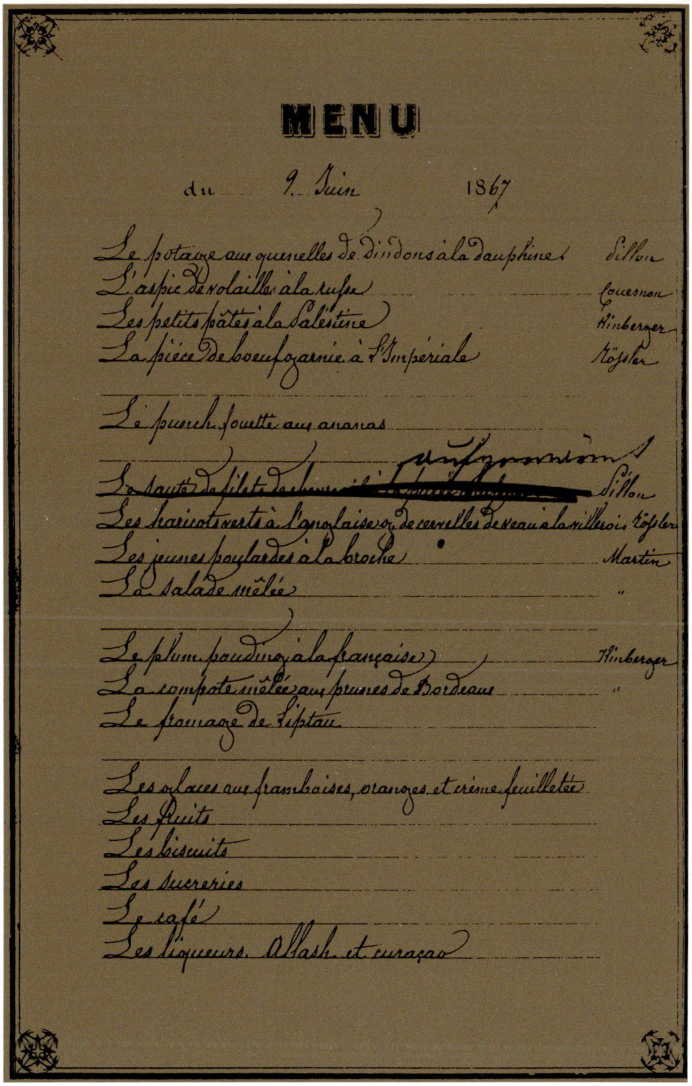
MENU

du 9. Juin 1867

Le potage aux quenelles de dindons à la dauphine — Dillon
L'aspic de volaille à la russe — Couesnon
Les petits pâtés à la Palestine — Hinberger
La pièce de boeuf garnie à l'Impériale — Köpler

Le punch fouetté aux ananas

Le sauté de filets de chevreuil [illegible] — Dillon
Les haricots verts à l'anglaise g. de cervelles de veau à la villeroi — Köpler
Les jeunes poulardes à la broche — Martin
La salade mêlée — "

Le plum pouding à la française — Hinberger
La compote mêlée aux prunes de Bordeaux — "
Le fromage de Liptau

Les glaces aux framboises, oranges et crème feuilletée
Les fruits
Les biscuits
Les sucreries
Le café
Les liqueurs. Allash et curaçao

*Suppe mit Truthahnnockerl*
*Geflügel in Aspik mit russischem Salat*[115]
*Kleine Pasteten nach Palestina-Art*[116]
*Tafelstück vom Rind nach Kaiserart*
*Halbgefrorener Ananaspunsch*
*Sautiertes Rehfilet mit Püree nach Jägerart*[117]
*Grüne Fisolen natur garniert mit Kalbshirn nach Villeroy*[118]
*Junge Poularden vom Spieß*
*Gemischter Salat*
*Plumpudding auf französische Art*
*Gemischtes Kompott mit Zwetschken aus Bordeaux*
*Liptauerkäse*
*Gefrorenes von Erdbeeren und Orangen*
*Obst*
*Bäckerei*

*Gespicktes Kalbskotelett mit jungem Gemüse, Zum schwarzen Kameel (Tafelservice Manufaktur Thun in Klösterle; Vermeilbesteck; Rheinweinglas aus dem Mousselineservice von J. & L. Lobmeyr)*

*Konfekt*
*Kaffee*

*- Reise Ihrer Majestät nach Ischl, 1868*[119]

Telegramm von Sekretär Feifalik an den Restaurateur Engelbrecht, Lambach (Oberösterreich)

Ihre Majestät die Kaiserin treffen Samstag den 20. d. M. Mittag 1 Uhr mittelst Separatzug in Lambach ein und werden bei Ihnen ein Diner einnehmen, dasselbe hat aus Suppe, 2 Fleischspeisen und einer Mehlspeise, Bier und Wein zu bestehen ...

*- Diner, 13. Jänner 1872*[120]
Huîtres d'Ostende
Potage clair à la Duchesse
Truffes à la serviette
Petites bouchées à la Montglas
Turbot à la Hollandaise
Noix de bœuf à la Normande
Darioles à la Richelieu
Pâté de perdreaux à la gelée
Sorbet
Chapons de Styrie à la broche
Asperges en branches
Gâteau mille feuilles à la Parisienne
Gelée au vin de Madère

Compôte mêlée aux oranges
Fromage de Roquefort
Dessert

*Austern aus Ostende*
*Klare Herzoginsuppe*[121]
*Trüffel in der Serviette*
*Kleine Bissen nach Montglas*[122]
*Steinbutt mit Sauce hollandaise*
*Rindsnuß nach Normannenart*[123]
*Pastetchen nach Richelieu*[124]
*Rebhuhnpastete mit Aspik*
*Steirische Kapaune vom Spieß*
*Spargel*
*Pariser Blätterteigtorte*
*Madeirasulz*
*Gemischtes Kompott mit Orangen*
*Roquefortkäse*

*Kaiserin Elisabeth und ihr Griechisch-Vorleser Barker in Caux (Schweiz), 1898*

*- Diner vom 24. April 1874 (Silberhochzeit)*[125]
Potage au consommé de volaille
Ecrevisses en buisson
Côtelettes de bécasses aux truffes
Turbot au vin de Chablis
Pièce et filet de bœuf aux légumes
Ris de veau de France à la Maintenon
Pain de coq de bois à la gelée
Sorbet
Poulardes de Mans au cresson
Asperges en branches
Mousse glacée au chocolat
Fromage de Gorgonzola
Glaces aux framboises et au café blanc
Dessert

*Hühnerkraftsuppe*
*Krebspyramide*
*Schnepfenkoteletten mit Trüffeln*
*Steinbutt in Chablis*
*Tafelstück und Filet vom Rind mit Gemüse*
*Französisches Kalbsbries nach Maintenon*[126]
*Gesulztes Birkhuhnpüree in Aspik*
*Poularden aus Le Mans mit Kresse*
*Spargel*
*Geeiste Schokoladenmousse*
*Gorgonzolakäse*
*Gefrorenes von Himbeeren und weißem Kaffee*

*- Für Ihre Majestät die Kaiserin sind künftighin zum Frühstück nachstehende Artikel aus den Hofoffizen täglich abzugeben (1875):*[127]

Aus der Hofzuckerbäckerei
1 Teller Obst
1 Teller Theestangeln
1 Teller Theebäckerei
6 Kipfeln
3 Semmeln
1/4 lb Zucker[128]

1/4 lb Butter
1 Kanne Schlagobers } kalt
1 Kanne Milch
1 Kanne Kaffee warm

Aus der Hofmundküche
1 Kugelhupf oder Kissingerstangeln
1 Teller kalte süße Theebäckerei mit einigen Stücken ganz frisch gebackene Germbäckerei

Aus der Küche Ihrer Majestät
1 Teller Bäckerei
Chocolade

Wenn Ihre Majestät die Kaiserin allein speisen ist pr. Tag
eine Bouteille Bordeaux zu erfolgen

Abends wird für Ihre Majestät aus der Hofzuckerbäckerei und aus der Hofmundküche nichts benöthiget.
Wien, 18. März 1875

*- Adoleszentenball bei Erzherzogin Marie Valerie, Souper, 25. Jänner 1882*[129]
Bouillon et crème d'orge
Côtelettes d'agneau à la macédoine
Faisans rôtis
Beignets de carnaval
Méringues à la crème
Compôte mêlée

*Kraftsuppe und Gerstenschleimsuppe*
*Lammkoteletten mit Mischgemüse*
*Gebratene Fasane*
*Faschingskrapfen*
*Meringen mit Schlagobersfülle*
*Gemischtes Kompott*

*Zwei Stielkasserollen und eine Stielpfanne, Reinnickel (Berndorfer Metallwarenfabrik), aus der Separatküche von Kaiserin Elisabeth*

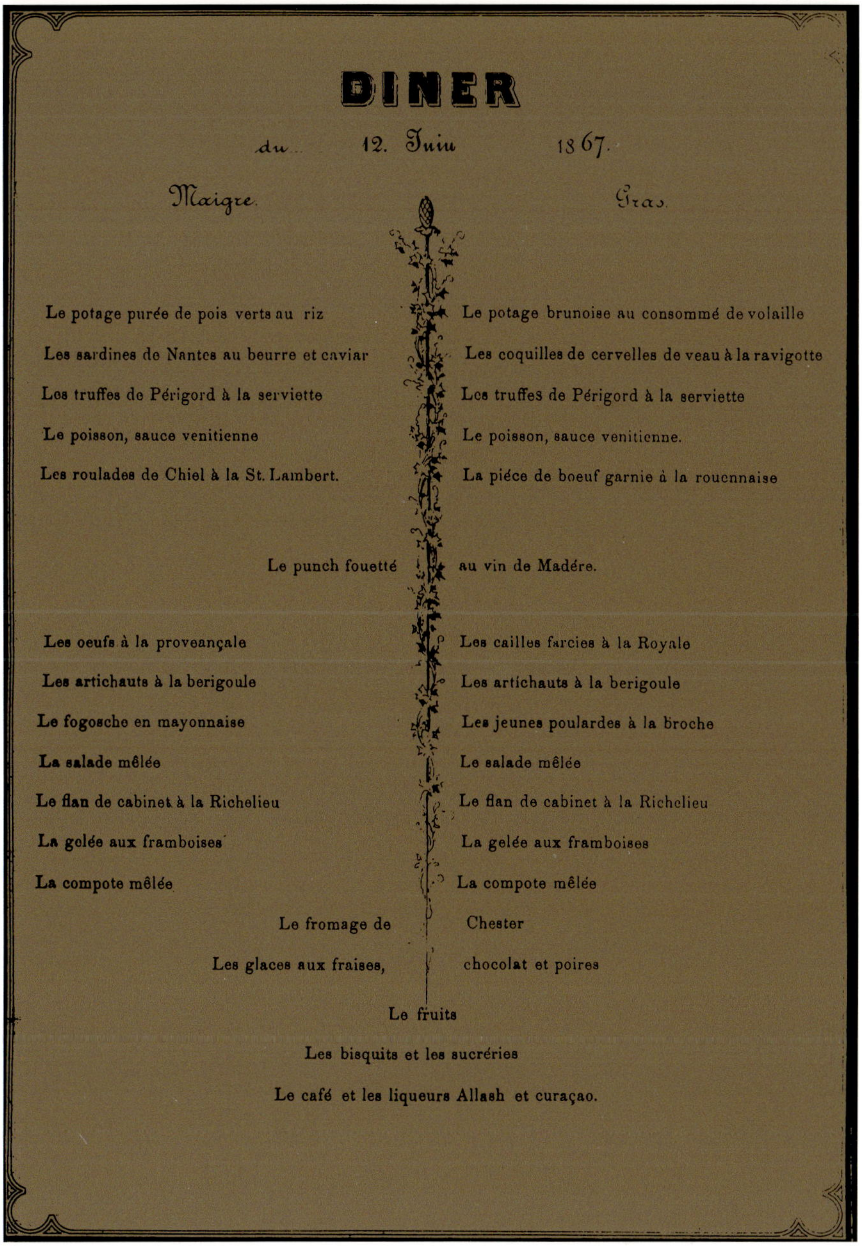

# DINER

du 12. Juin 1867.

| Maigre. | Gras. |
|---|---|
| Le potage purée de pois verts au riz | Le potage brunoise au consommé de volaille |
| Les sardines de Nantes au beurre et caviar | Les coquilles de cervelles de veau à la ravigotte |
| Les truffes de Périgord à la serviette | Les truffes de Périgord à la serviette |
| Le poisson, sauce venitienne | Le poisson, sauce venitienne. |
| Les roulades de Chiel à la St. Lambert. | La piéce de boeuf garnie à la rouennaise |

Le punch fouetté au vin de Madére.

| | |
|---|---|
| Les oeufs à la proveançale | Les cailles farcies à la Royale |
| Les artichauts à la berigoule | Les artichauts à la berigoule |
| Le fogosche en mayonnaise | Les jeunes poulardes à la broche |
| La salade mêlée | Le salade mêlée |
| Le flan de cabinet à la Richelieu | Le flan de cabinet à la Richelieu |
| La gelée aux framboises | La gelée aux framboises |
| La compote mêlée | La compote mêlée |

Le fromage de Chester

Les glaces aux fraises, chocolat et poires

Le fruits

Les bisquits et les sucréries

Le café et les liqueurs Allash et curaçao.

*Menukarte für ein Diner in Budapest mit Fastenversion*

- *Diner Speyerer Hof, Heidelberg, 1884*[130]

Suppe
Roastbeef
Kartoffelsalat
Rheinwein
Urgestein
Münchner Bier

- *Gabelfrühstück Ihrer Majestät, 10. Oktober 1886, in der Rettenbachmühle bei Ischl*[131]

Honig und Butter

3 Stück Forellen
Kalbsschnitzel
Schüssel saure Milch
Karaffe mit kaltem und warmem Obers
Kaiserschmarrn
Brote

- *Diner beider Majestäten, 10. März 1894, Noël et Patard*[132]

| Hors d'Œuvre | Vins |
| --- | --- |
| Caviar frais d'Astrakhan | Xérès Amontillado |
| Huîtres Red Coast | Chablis Moutonne |
| Œufs à l'Archiduc | Châteaux Margaux 1875 |
| Poularde à la d'Albufera | Moët & Chandon Crémant Impérial |
| Mousses de Becasses Grand Hotel | Saint Marceaux 1884 |
| Selle de veau à la Chatelaine | |
| Yorkshire Pudding | |
| Asperges, sauce Mousseline | |
| Timbale de Fraises à l'Imperatrice | |
| Vacherin à la Chantilly | |
| Desserts | |

*Vorspeisen*
*Frischer Kaviar aus Astrachan*
*Austern*
*Eier nach Erzherzogsart*[133]
*Poularde nach Albuféra*[134]
*Schnepfenmousse Grand Hotel*[135]
*Kalbsrücken nach Burgfrauenart*[136]
*Yorkshire Pudding*
*Spargel mit Sauce mousseline*
*Becherpastete mit Erdbeeren nach Kaiserinart*[137]
*Obersbaiser*

- *Weine aus dem k. u. k. Hofkeller für den Aufenthalt der Kaiserin mit Gefolge auf Korfu*[138]
15 Madeira
10 Sherry kleine Flaschen
25 Champagner
4 Champagner Pomméry (für Herrn Seitz)
60 Château d'Issan
15 Moselwein
6 Anisette
6 Curaçao
2 Benedictine
15 Cognac
15 Rum
150 Fl. Herrschaftswein
50 Fl. Ofnerwein
200 Fl. kleine Billiner [Mineralwasser]
25 Fl. Selter

- *Telegramme von Sekretär Feifalik, 11. September 1894*[139]
Österreichischer Lloyd, Verpflegsverwaltung, Triest
Senden mit Dampfer vom 15. dm 2 Roastbeef, 6 Lenden-, 14 Tafelstücke, 4 Kalbssschlegel, 4 Kalbsrücken, 24 Brathühner, 12 Kapaune, 12 Poulards, 12 Rebhühner, 1 Schöpsenrücken, 4 Lämmer, 4 Hasen, 20 Kilo Mailandbutter, 10 Kilo Preßhefe, 2 Säcke Mehl, verschiedene Käse, 2 Kisten Pilsner, 2 à la Pilsen, 8 Krüge Rotwein, 25 Gieshübler [Mineralwasser], 25 Rohitsch [Mineralwasser], 14 Fässer Reis

Charles Cabos, Wien
Senden Sie an Lloyd in Triest unter Auftrag zur Beförderung an Hofhaltung Ihrer Majestät in Corfu mit Dampfer vom 15. eine Dose Dessert, zwei Thee, zwei feine Bonbons.

*- Rechnung für Allerhöchst Ihrer Majestät der Kaiserin! Ihre Kaiserl. Hoheit Frau Erzherzogin Valerie und die kleinen Hoheiten*[140]
Für ein Frühstück u. Dejeunir! am 20. August 1896
Frische Eier, Forellen, Butter, Milchbrot und Landbrot, kaltes und warmes Obers, Caffee, Gugelhupf, Kaiserschmarrn.
Elisabeth Ganslmaier, Ischl [Besitzerin der Rettenbachmühle]

*- Verpflegung der Kaiserin in Ischl, Juli 1897*[141]

| | |
|---|---|
| 8 Uhr Frühstück | Gefrorenes Obers, Café, kalte und warme, süße und gesalzene Bäckerei, Eier, kaltes Fleisch, Honig, Obst, verschiedenerlei Gebäck |
| 3 Uhr | Kaltes Fleisch, Milch, Eier, Erdbeer Granit und Hohlhippen |

*Kurvorschrift Bad Kissingen, 1897*[142]

| | |
|---|---|
| Früh | 3 Portionen Brunnen zu 100 Gramm in Pausen von 20 Minuten |
| | 40 Minuten nach der letzten Portion Milch abkochen, in der Quantität von 2 mittleren Tassen mit frischer Süß-Rahmbutter vielleicht etwas Fleischgelee |
| 2 Stunden später | 1 Soolbad, Temperatur 26° Reaumur (mit mechanischer Dusche), Dauer 12 Minuten<br>Abzuwechseln des anderen Tags Moorbad 27° Reaumur, Dauer 18 Minuten |
| | Nach dem Bade eine kleine Promenade, sodañ 1 – ½ 2 Uhr überbratenes Rindfleisch Filet oder Briese in Püree, Wild oder Geflügel, Fische, Gemüse in Salzwasser abgekocht wie Spargel, Spinat, |

*Rechnung der Konditorei Zauner in Ischl für Kaiserin Elisabeth*

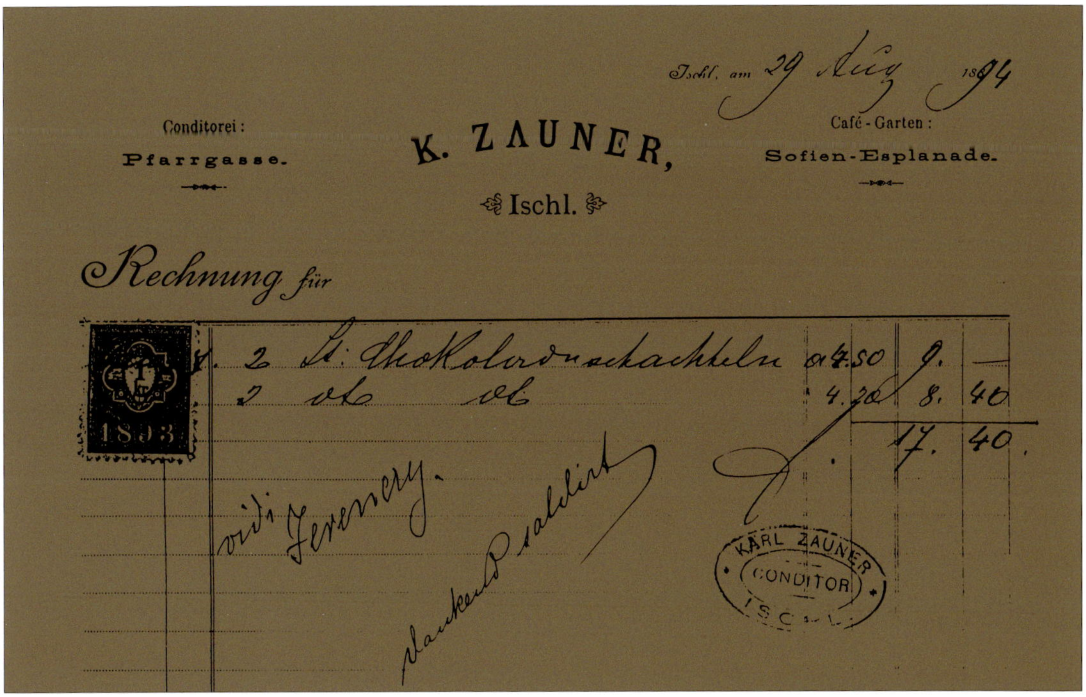

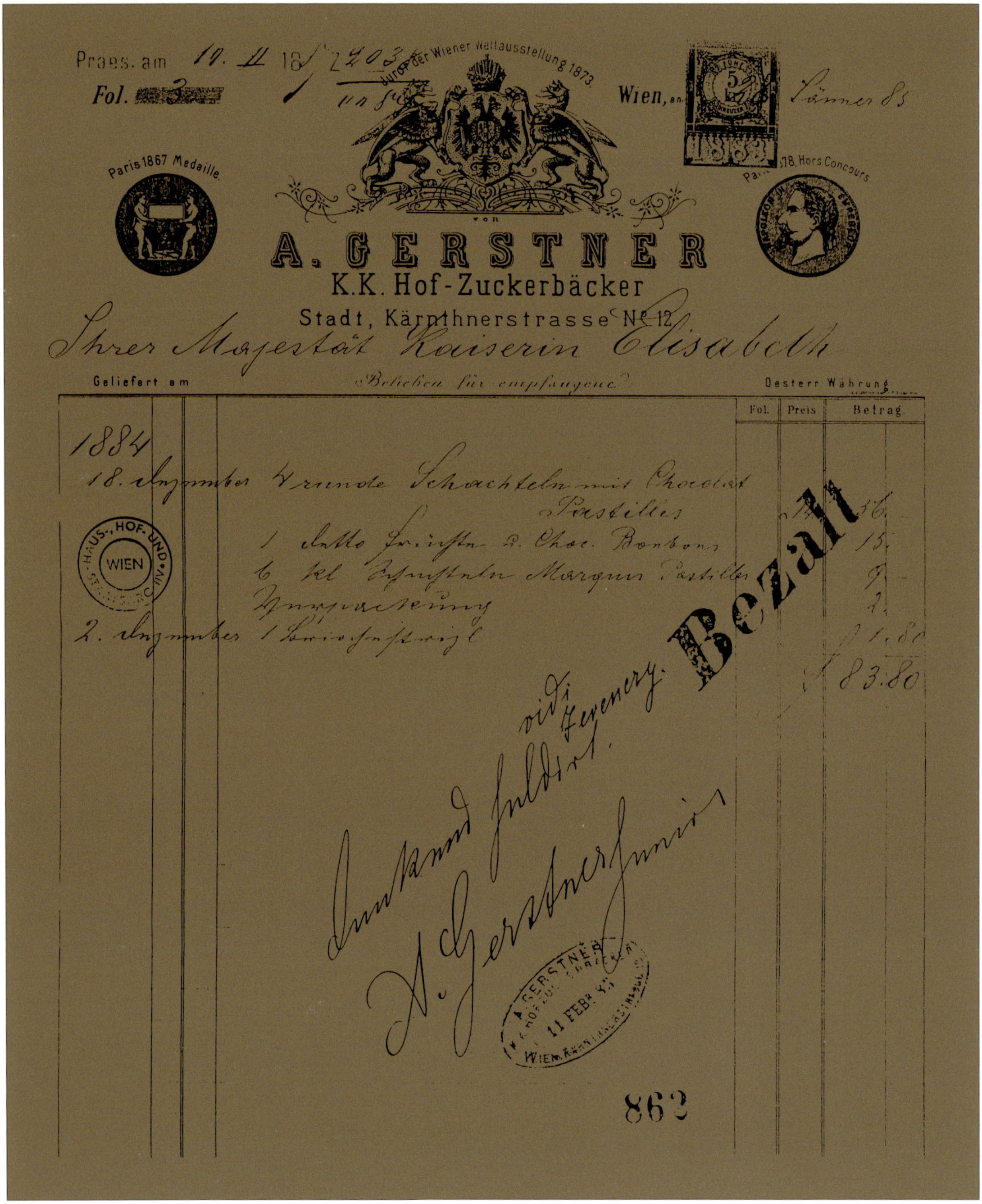

Praes. am 19. II 18
Fol.

Juror der Wiener Weltausstellung 1873

Wien, am Jänner 85

Paris 1867 Medaille

Paris 1878 Hors Concours

von

A. GERSTNER

K.K. Hof-Zuckerbäcker

Stadt, Kärnthnerstrasse No 12

Ihrer Majestät Kaiserin Elisabeth

Geliefert am

Oesterr. Währung

| | | | | | Fol. | Preis | Betrag |
|---|---|---|---|---|---|---|---|
| 1884 | | | | | | | |
| 18. Dezember | | | 4 runde Schachteln mit Chocolat Pastilles | | | | 36 |
| | | | 1 dtto feinste Choc. Bonbons | | | | 15 |
| | | | 6 kl. Schachteln Marquis Pastilles | | | | 9 |
| | | | Verpackung | | | | 2 |
| 2. Dezember | | | 1 [illegible] | | | | 1.80 |
| | | | | | | | fl 83.80 |

WIEN

Bezalt

vidi Ferenczy

Dankend saldirt.
A. Gerstner Junior

A. GERSTNER
11 FEB 85
WIEN

862

Schwarzwurzel, Sago, Maccaroni und Tapioka, Flammery, Milchstärkungspuddings
Rohen und gekochten Schinken

Abends Milch, Kartoffelpüree, Schinken roh oder gekocht, geräucherte Zunge

*Diät während der Badekur in Bad Brückenau, 1898*[143]

Die Diät ist jede kräftige Fleischspeise, keine blähenden Gemüse, kein rohes Obst und keine Salate
Junges, zartes Geflügel und Wild jeglicher Art; an Fischen Forellen

*Brief von Marianne von Meissl an Dr. Sotier, Territet, 14. April 1898*[144]

„Ihre Majestät läßt Sie ersuchen zur Ankunft das Frühstück zu bestellen, aus dem Hôtel guten schwarzen Kaffee von Metzner, 1/2 Liter Milch und 1/4 Liter sehr guten, dicken, sehr frischen Ram, beides unabgekocht und auf 6 Grad eingekühlt. Von Widmaier die Schachtel gemischter Bäckerei, so wie sie selbe Vorigesjahr Ihrer Majestät täglich geschickt hat, richtig vom Hôtel eine Portion von diesem Fleisch-Gelée, wie Sie geehrter Herr Sanitätsrath selbes Ihres Majestät verordnet haben, und zwei ganz frische Eier, selbe müssen aber gewiß vom Nachmittag des vergangenen Tag sein, ja nicht älter, also bitte das Frühstück soll gleich nach der Ankunft Ihrer Majestät bereitet sein, und Sie Herr Doctor möchten die Güte haben, eine Stunde später zu Ihrer Majestät zu komen …"

*Gegenüberliegende Seite: Rechnung des k.k. Hofzuckerbäckers Gerstner für Kaiserin Elisabeth*

*Unten links: Gravierung auf der Unterseite der Stielpfanne aus der Separatküche von Kaiserin Elisabeth, Reinnickel (Berndorfer Metallwarenfabrik)*

| | |
|---|---|
| Abtrieb, abtreiben | Fett (z. B. Butter) abrühren, flaumig rühren, ergibt den Abtrieb |
| braisieren | dünsten, schmoren |
| Brösel | Paniermehl |
| Crème à l'anglaise | englische Crème; Zucker verrührt mit Eigelb, vermischt mit Milch und Vanille, aufgekocht |
| Crème double | dicke Crème; dickflüssiges Obers, Konsistenz dem Sauerrahm ähnlich |
| Croustade | warme Pastete |
| Dampfl | Gärprobe, Hefevorteig |
| Dotter | Eigelb |
| Erdäpfel | Kartoffeln |
| Fisolen | grüne Bohnen |
| Flammeri | kalte oder warme süße Speise aus Stärkemehl, Grieß, Grütze oder Sago, mit Milch, Rahm oder Fruchtsäften und Gewürzen gekocht, zum Erstarren in eine Form gegeben, dann gestürzt und mit Rahmschaum oder einer süßen Sauce serviert. |
| Fleischsaft | Der Wassergehalt vieler Fleischsorten wird durch Auspressen aus dem festen Fleisch entfernt; er wird hiebei durch ein wenig beigemengtes Blut rötlich gefärbt und ergibt den sogenannten Fleischsaft. Dieser Fleischsaft enthält alle löslichen Bestandteile des Fleisches, wie Salze, Phosphorsäure, Eiweißkörper, Inosit, Kreatin etc. Diese Bestandteile haben einen großen Nährwert und ist daher der Fleischsaft für die Ernährung des Menschen, besonders des kranken, von großer Bedeutung (1908) |
| Flan | Fladen, Obstkuchen |
| Gefrorenes | Speiseeis |
| Genois | „Genueser", Kuchen auf Bisquitart |
| Germ | Hefe |
| Glace (Suppenglace) | eingedickter Fleischsaft |
| Granité, Granit | Halbgefrorenes |
| Gugelhupf | Napfkuchen |
| Hachis | Faschiertes, Feingehacktes, meist mit einer Sauce gebunden |
| Hagelzucker | grobgestoßener Zucker (zum Bestreuen von Brioches etc.) |
| Hohlhippen | röhrenförmiges Backwerk aus dünnem Teig |
| Kapaun | Masthahn |
| Kipferl, Kipferln | Hörnchen, halbmondförmiges Gebäck |
| Klar | Eiweiß |
| Knöderl, Knödel | Klößchen, Klöße |
| Kren | Meerrettich |
| Méringues | Meringen, Baisers; Schaumgebäck aus Zucker und Eischnee, auch „spanischer Wind" genannt |
| Mirepoix | Röstgemüse für braune Fonds und Saucen |
| Obers | Sahne |
| Polenta | Maisgrieß |
| Poularde | Masthuhn |
| Quenelles | Nockerln = kleine Klöße |
| (süßer) Rahm | Sahne |
| Ribisel | Johannisbeeren |
| Sago | gekörntes Stärkemehl aus Palmenmark |
| Schlagobers | Schlagsahne |
| Selchfleisch | Räucherfleisch |
| Semmeln | kleine Brötchen, Weißbrötchen |
| Staubzucker | Puderzucker |
| Strauben | Schmalzgebäck |
| Strietzel | Hefegebäck, länglich und in geflochtener Form |
| Tapioka | Stärkemehl aus der Wurzel des Maniokstrauchs |
| Topfen | Quark |
| Touren geben | Der Vorteig wird auf bemehltem Brett sternförmig ausgerollt und in die Mitte ein Butterziegel (Butter-Mehlgemisch) gegeben, der Teig über den Butterziegel zusammengeschlagen und mit dem Rollholz gleichmäßig von der Mitte aus nach allen Seiten hin flachgeklopft und zu einem fingerhohen Rechteck ausgerollt. |
| verrebeln | Fett und Mehl miteinander abarbeiten |
| Weichsel | Sauerkirsche |
| Weitling | Rührschüssel aus Metall, Porzellan oder Steingut |
| Zwetschken | Pflaumen |

*Gegenüberliegende Seite:*
*Kaiserin Elisabeth.*
*Lithographie nach einem Gemälde von Franz Schrotzberg. 1862*

*Unten:*
*Rechnung des k.u.k. Hoflieferanten Josef Sluka für Kaiserin Elisabeth*

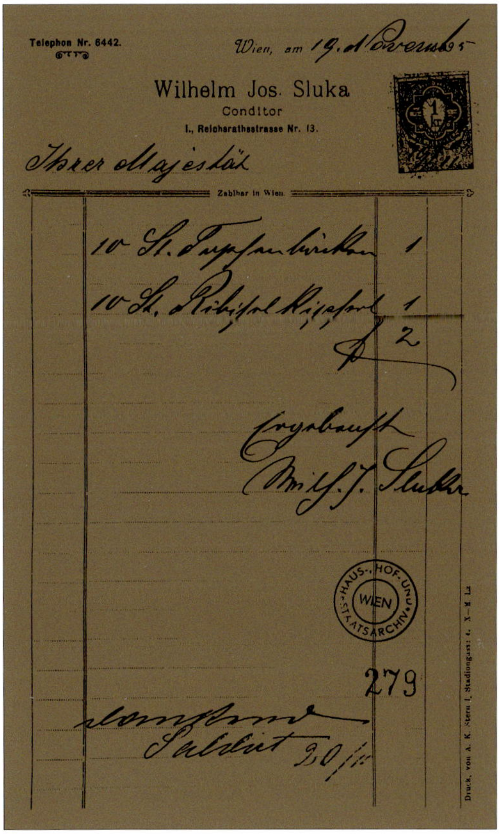
Telephon Nr. 6442.
Wien, am 19. November 95
Wilhelm Jos. Sluka
Conditor
I., Reichsrathsstrasse Nr. 13.
Ihrer Majestät
Zahlbar in Wien.
2
279
HAUS-, HOF- UND STAATSARCHIV WIEN

### *Abkürzungen*

| | |
|---|---|
| AK | Archiv Bad Kissingen |
| BC | Bibliothèque de Cessole, Ville de Nice |
| HHStA | Haus-, Hof- und Staatsarchiv, Wien |
| HWA | Hofwirtschaftsamt |
| IH | Ingrid Haslinger |
| K | Karton |
| M Ch | Martin Charles, Mentone |
| MMD | Museen des Mobiliendepots, Wien |
| NL Corti | Nachlaß Conte Corti |
| OMeA | Obersthofmeisteramt |
| OMeA KE | Obersthofmeisteramt Kaiserin Elisabeth |
| SR | Sonderreihe |
| SK | Ehemalige Hofsilber- und Tafelkammer, Wien |
| ZA | Zeremonialakten |

### *Quellen und Literatur*

Haus-, Hof- und Staatsarchiv, Wien:
Hofwirtschaftsamt
Karton
Nachlaß Conte Corti
Obersthofmeisteramt
Obersthofmeisteramt Kaiserin Elisabeth
Zeremonialakten
Sonderreihe


Ilsebill Barta-Fliedl, Peter Parenzan (Hg.), Ehemalige Hofsilber- und Tafelkammer, Sammlungskatalog Bd. I., Wien 1996

Michaela Bleyer, Der Mensch Franz Joseph, Beruf Kaiser von Österreich, Dipl. Arbeit, Klagenfurt 1988

P. M. Blüher (Hg.), Meisterwerk der Speisen und Getränke, 2 Bde., Leipzig 1904

Cahiers de Savoie, Chambéry, 3e et 4e trimestres 1945

Egon Caesar Conte Corti, Elisabeth, Die seltsame Frau, Wien 1934

Karl Duch, Handlexikon der Kochkunst, Linz 1961

Emma Eckhart, Der häusliche Herd, Neues geprüftes Kochbuch, Wien 1887

Geneviève Frieh, Pierre Rault, Le grand cercle d'Aix-les-Bains, histoire d'un Casino, Quart o.J.

Robet Habs und L. Rosner, Appetit-Lexikon, Wien 1894

Brigitte Hamann (Hg.), Meine liebe, gute Freundin! Die Briefe Kaiser Franz Josephs an Katharina Schratt, München 1996

Brigitte Hamann, Elisabeth Hassmann (Hg.), Elisabeth. Stationen ihres Lebens, Wien 1998

Ingrid Haslinger, Ehemalige Hofsilber- und Tafelkammer, Sammlungskatalog Bd. II., Wien 1997

Ingrid Haslinger, Der süße Luxus, Wien 1996

Richard Hering, Lexikon der Küche, Wien 1922

Anna Niederleuthner, Speisen mit Kaiserin Sissi, Historisches Kochbuch geschrieben zu Passau im Jahre 1862, hgg. von Hans Königsbauer, Fritz Mayer und Richard Schaffner, Waldkirchen 1996

Xavier Paoli, Leurs Majestés, Paris o.J.

Georg Nostitz-Rieneck, Briefe Kaiser Franz Josephs an Kaiserin Elisabeth, 2 Bde., Wien 1966

Carl Scheichelbauer/Franz Giblhauser, Gastronomisches Lexikon, Wien 1908

Felix Schlangintweit, Ein verliebtes Leben, Erinnerungen eines Münchner Arztes, München 1967

Franz Schnürer (Hg.), Briefe Kaiser Franz Josephs I. an seine Mutter 1838–1872, München 1930

Leo Smolle, Elisabeth Kaiserin von Österreich, Königin von Ungarn, Wien 1904 (Manuskript)

Irma Gräfin Sztáray, Aus den letzten Jahren der Kaiserin Elisabeth, Wien 1909

Marie Wallersee-Larisch, Kaiserin Elisabeth und ich, Leipzig 1935

Friedrich Weissensteiner (Hg.), Lieber Rudolf! Briefe von Kaiser Franz Joseph und Kaiserin Elisabeth an ihren Sohn, Wien 1991


### *Anmerkungen*

1 Schnürer, Hervorhebung durch die Autorin.

2 Zit. in Corti, S. 25.

3 „Auf Allerhöchsten Wunsch Ihrer Majestät der Kaiserin und Königin hat SM Schiff *Miramar* vor der … Abreise nach Villefranche den Hafen von Triest anzulaufen, um daselbst das Lloyd Personale, den Tafel Inspector Grill, Zuckerbäcker Seitz, dañ 2 Kühe und einen Wärter einzuschiffen" (OMeA KE, K 78, 1895, fol. 47).

4 OMeA KE, 1896, fol. 573: Gustav Trattner in Pest „hat häufig zufriedenstellend Speisen und Getränke für Ihre Majestät in die k.k. Burg in Ofen" geliefert.

5 Diese Angst äußerte Elisabeth oft in ihrer Umgebung, und der Gedanke begleitete sie ihr ganzes Leben. In zwei Briefen an ihre Tochter Marie Valerie wird ihre Abscheu vor Fettleibigkeit ganz deutlich. Aus Cap Martin schrieb sie am 9. März 1897: „Wenn ich mich nicht wohl fühle, habe ich Gewichtszunahme, wie sie sich vorstellen können, ist dies von allen Uebeln, was mich am meisten kränkt." Kurz vor ihrer Ermordung (4. September 1898) schrieb sie abermals über ihre Befürchtungen: „Trotz guter Luft wachst mein Gewicht, was mir sehr beschwerlich ist, möchte nicht gern so sein, wie die Tante Marie …" (NL Corti, K 14).

6 Vgl. die Abschriften der Briefe Erzherzogin Sophies an ihre Mutter in: NL Corti, K 30.

7 Kaiser Franz Joseph an seine Mutter, Venedig, 4. Dezember 1856.

8 Briefe vom 11. Juni und vom 8. Juli 1859 (NL Corti, K 13). Kaiser Franz Joseph befand sich aufgrund des Italienfeldzugs in Verona.

9 Brief/Wien, 19. Dezember 1896 (Nostitz-Rieneck, Bd. II).

10 Schnürer, Brief vom 27. August 1864.

11 „Ihre Majestät behauptet, sie hat sich mit Wein trinken den Magen langsam aber gründlich verdorben." Brief der Hofdame Marianne von Meissl an Ida von Ferenczy, die „Vorleserin" Kaiserin Elisabeths, Cap Martin, 28. Februar 1897 (NL Corti, K 14)

12 Marianne von Meissl an Ida von Ferenczy, Cap Martin, 19. Jänner 1897 (NL Corti, K 14): „… es ist hier weniger Stoffwechsel, dadurch wird Ihre Majestät etwas schwerer und Ihre Majestät fühlt sich weniger behaglich …".

13 Vgl. die Briefe Kaiser Franz Josephs an Kaiserin Elisabeth, Verona, 17. Juni 1859 und 20. Juni 1859.

14 Bericht von Dr. Victor Eisenmenger über den Gesundheitszustand von Kaiserin Elisabeth, als er Dr. Kerzl 1897 in Territet vertrat (NL Corti, K 14): „Sie klagte darüber, daß sie trotz der aufs äußerste eingeschränkten Nahrungsaufnahme – sie aß nur mehr sechs Orangen täglich – an Gewicht zunehme. Nur schwer ließ sie sich zu einer Untersuchung bewegen. Ich fand bei der sonst

gesunden Frau ziemlich starke Hautanschwellungen, besonders an den Knöcheln ... Hungerödem! Ich erklärte ihr, daß die Gewichtszunahme auf Wasseransammlung in den Geweben in folge von Unterernährung beruhe und darum um so stärker sei, je weniger sie esse. Sie lehnte trotzdem alle meine Diätvorschläge ab, und ich mußte mit der Konzession zufrieden sein, daß sie ein paar Gläser Schafmilch im Tag trinken wollte."
15 Gräfin Marie Festetics an Ida von Ferenczy, Karlsbad, 7. Juli 1892 (NL Corti, K 14).
16 Graf Louis von Rechberg, der Kurier des Kaisers auf Madeira, an seine Tante, Pauline von Rechberg, Funchal, 12. Februar 1861 (NL Corti, K 13).
17 Marianne von Meissl an Ida von Ferenczy, Biarritz, 15. Dezember 1896 (NL Corti, K 14).
18 Kaiser Franz Joseph an Kaiserin Elisabeth, Wien, 6. März 1895; der Monarch zitiert eine Mitteilung von Katharina Schratt: „... und daß Du, wie sie melden sollte, sehr viel gegessen hast, was sie aber nicht fand".
19 Tagebucheintragung eines Schwalbacher Bürgers vom 18. Mai 1889; Stadtarchiv Bad Schwalbach.
20 Marie Festetics an Ida von Ferenczy, Kaltbad Rigis, 3. September 1892 (NL Corti, K 14): „Ihre Majestät ißt kaum etwas, zwei Tage nahm sie überhaupt nichts zu sich und am Wege hat sie mir eingestanden, daß sie während des Frisierens fast ohnmächtig wurde."
21 Seine Majestät an Ihre Majestät, Schönbrunn, 23. April 1895 (NL Corti, K 14): „... sah ich, daß Du an zwei aufeinanderfolgenden Tagen viel und mit Appetit gegessen hast, worauf freilich ein Orangentag folgte, eine neue, gewiß nicht gesunde und viele Säuren erzeugende Kur."
22 „Über allerhöchsten Befehl Ihrer Majestät der Kaiserin ist ... bis auf weiteres täglich Abends ein roher Kalbsschlegel im beiläufigen Gewichte von 15 lb (=Pfund= 560 g) aus der k.k. Hofküche in die erwähnte ah. Kammer abzugeben ... Von diesem Kalbsschlegel werden in der Kammer selbst die besten Fleischtheile herausgeschnitten, und der Rest samt Knochen am darauffolgenden Morgen der Hofküche zurückgestellt ..." (HWA 1867, 28/2).
23 OMeA KE, 1882, K 37, fol. 455 (Firma J. F. Delor). Der Erfinder der Entenpresse war die im Jahre 1842 in Paris gegründete Firma Christofle. Die Fabrik erzeugte Tafelgeräte aus Alpakkasilber sowie aus massivem Silber und belieferte den Hof von Kaiser Maximilian von Mexiko mit Tafelgeschirr. Die Entenpresse dient dazu, beim berühmten Gericht „Canard à la presse" den Saft aus den Karkassen auszupressen, mit dem eine kräftige Sauce auf Rotweinbasis verfeinert wird, die man zu gebratener Entenbrust reicht.
24 Marie Festetics an Ida von Ferenczy, Messina, 4. Dezember 1892 (NL Corti, K 14). Karl Seitz war k.u.k. Hofzuckerbäcker.
25 Vgl. das Kapitel *Kammermeierei*, Silberkammerkatalog Bd. II.
26 OMeA KE, 1897, K 91, fol 59.
27 OMeA KE, 1897, K 87, fol. 369; OMeA KE, 1897, K 88, fol. 188.
28 Sztáray, S. 185/186.
29 Smolle, S. 71.
30 Kaiser Franz Joseph an seine Mutter, Schönbrunn, 22. August 1866.
31 Ihre Majestät an Kronprinz Rudolf, Zürich, 27. Jänner 1867 (NL Corti, K 14): „Paula und ich waren vorgestern in der Konditorei, wo wir Alles mögliche aßen ...".
32 Früher: *Sekretariat der Kaiserin.*
33 Demel und Gerstner sind zwei bekannte Wiener Zuckerbäcker, die ehemals Hofllieferanten waren. Vgl. z.B. OMeA KE, 355 ex 1888.
34 OMeA KE, 889 ex 1894.
35 Vgl. auch: Der süße Luxus, S. 25/26. Im heute noch bestehenden Geschäft Rumpelmayer/Angelina in Paris sind die Wände des Lokals mit Ansichten der Côte d'Azur bemalt – ein Hinweis auf den ursprünglichen Standort der Konditorei.
Ihre Majestät an Seine Majestät, Cap Martin, 19. Jänner 1897 (NL Corti, K 14): „Nizza mit seinem süßen Rumpelmayer, der reich beladen in unseren Waggon kam ...".
36 OMeA KE, 1894, K74, fol. 571.
37 Kaiser Franz Joseph an Kaiserin Elisabeth, Wien, 24. Jänner 1896: „Der Speisezettel von Rumpelmayer ist sehr einladend!" Es gehörte zu den Gewohnheiten der Kaiserin, ihrem Gemahl Menukarten von ihren Reisen zu übersenden.
38 Cahiers, S. 173.
39 Kaiser Franz Joseph an Kaiserin Elisabeth, Wien, 10. April 1894.
40 Handschriftliche Kochbücher aus dem Nachlaß der Hofköche Ludwig Troszt und Markus Bieberbach (Kopien im Besitz der Autorin).
41 Paoli, S. 6.
42 Vgl. z. B. OMeA KE, 1887, K 55, fol. 680; Brief von Emil Roesler, Konditoreiwarenfabrik Heidelberg: „Im angenehmen Besitze Ihrer geschätzten Zeilen vom 2. ds. beehre ich mich Ihnen ergebenst mitzutheilen, daß ich Ihrer Kaiserlichen Majestät die Schloßkuchen zum Präsent übersandte, damit Allerhöchst derselben mein Fabrikat bekannt wird, und sehe deßhalb von einer Berechnung gerne ab.
Es soll mir zur besonderen Ehre gereichen, wenn Ihre Kaiserliche Majestät bei eintretendem Bedarf die Gnade haben würden, auf mein Fabrikat zurückzukom̄en, und verharre ich in dieser angenehmen Erwartung."
43 Vgl. z. B. OMeA KE, 1895, K 80, fol. 145.
44 OMeA 1897, 65/B/5.
45 Sztáray, S. 203.
46 OMeA KE, 1897, K 87, fol. 828 ff.; 1897, K 88, fol. 19, 207, 496; 1897, K 89, fol. 380; 1897, K 91, fol. 432.
47 OMeA KE, 1862, K 11, fol. 400 ff.
48 Vgl. die Speisezettel in HWA 300.
49 „maigre" bedeutet „Fasten", die Suppe wurde nicht auf Fleischbasis zubereitet.
50 Marianne von Meissl an Ida von Ferenczy, Biarritz, 7. Dezember 1896 (NL Corti, K 14): „Ihre Majestät ist furchtbar angeschwollen ... das Gewicht nimmt immer zu, jetzt sind es schon 97,15 (Pfund) und Ihre Majestät strengt sich fürchterlich dabei an ... nimmt natürlich bei der Kur nur Fleischnahrung, was für Ihre Majestät immer fürchterlich ist ...".
51 Kaiserin Elisabeth an Erzherzogin Marie Valerie, Cap Martin, 11. Oktober 1895 (NL Corti, K 14): „Gestern ging ich mit Pali nach Monte Carlo, frühstückten bei Noël Patard. Austern, Caviar, grüne Spargel und Tee. War ausgezeichnet, und nicht um einen Loth war ich schwerer, heute früh wog ich 50 kg 36 dkg, was noch schöner war."
52 OMeA KE, 1896, K84, fol. 69.
53 Das Incognito bedeutete nicht, daß Kaiserin Elisabeth unbehelligt reisen konnte. Dafür war sie allzu bekannt. Allerdings bewirkte das Incognito, daß Empfänge und Aufwartungen, die einer Kaiserin gemacht worden wären, für eine *Gräfin von Hohenembs* nicht in Frage kamen.
54 OMeA KE, 1894, K 74, fol. 554.
55 OMeA KE, 1894, K 74, fol. 604.
56 Marianne von Meissl an Ida von Ferenczy, 3. Dezember 1896 (NL Corti, K 14).
57 Marianne von Meissl an Ida von Ferenczy, 24. März 1897 (NL Corti, K 14).
58 Marianne von Meissl an Ida von Ferenczy, 13. Juni 1897 (NL Corti, K 14).
59 Marianne von Meissl an Ida von Ferenczy, 2. Jänner 1898 (NL Corti, K 14).
60 NL Corti, K 14.
61 Die Becherform wird mit faschiertem Hühnerfleisch, Räucherzunge, Gansleber- und Trüffelragout in dicker spanischer Sauce gefüllt. Im Wasserbad garen und mit Zunge und Hahnenkämmen verzieren.
62 See in Savoyen.
63 Mit Trüffeln.
64 „Bellevue" bedeutet eine besonders attraktive Art des Garnie-

rens und Anrichtens.
65 Sztáray, S. 227.
66 Zerem.Prot. 1860.
67 Joseph Latour von Thurmburg, zit. in Hamann, S. 151.
68 Außenminister Rechberg, zit. in: Bleyer, S. 109.
69 Kaiser Franz Joseph an seine Mutter, Korfu, 2. September 1861.
70 Kaiser Franz Joseph an seine Mutter, Laxenburg, 20. September 1861.
71 Kaiser Franz Joseph an seine Mutter, Korfu, 16. Oktober 1861.
72 OMeA KE, 1861, K 9, fol. 185 ff.
73 HWA 1862, 62.
74 Niederleuthner, S. 17 ff.
75 Ibid., S. 21.
76 In den beiden Bänden von Nostitz-Rieneck fehlen die Briefe zwischen 1867 und 1889.
77 Wallersee-Larisch, S. 63. Marie Wallersee war die Tochter von Elisabeths Bruder Ludwig, der 1859 in morganatischer Ehe Henriette Mendel geheiratet hatte. Kaiser Franz Joseph ernannte Henriette Mendel zur Freiin von Wallersee.
78 Brief an Ida von Ferenczy, Northampton, 30. Jänner 1878 (NL Corti, K 14):
79 Brief an Ida von Ferenczy vom 23. März 1876; NL Corti, K 14.
80 Herkulesfürdő, 5. April 1887, NL Corti, K 14.
81 Zur Geschichte des *Achilleions* vgl. Silberkammerkatalog Bd. I, S. 203 ff.
82 OMeA KE, 1891, K 66.
83 Cahiers, S. 173.
84 Xavier Paoli, Biarritz, Frühjahr 1914 (AB). Vgl dazu auch Sztáray, S. 111/112 (Aix-les-Bains, 1895): „Ihre Majestät mundete die hiesige Milch außerordentlich. Sie ersuchte mich und Berzeviczy, es zu ermöglichen, eine gute Kuh für ihre Schönbrunner Milchwirtschaft zu erwerben. Auf diese ihre Meierei war die Kaiserin sehr stolz ... Endlich, nach langem Suchen, kauften wir ein schönes aschgraues Tier, mit dem auch die Kaiserin höchst zufrieden war."
85 Sztáray, S. 22.
86 Schlagintweit, S. 142.
87 OMeA KE, 1863, K 12, fol. 491 ff.
88 Zur Geschichte der Separatküchen bei Hof vgl. Silberkammerkatalog Bd. II.
89 OMeA 1853, 27/15.
90 HWA 1872, 69.
91 HWA 1875, 65.
92 Kaiser Franz Joseph an Kaiserin Elisabeth, Schönbrunn (über einen Besuch bei Marie Valerie in Lichtenegg), 21. Oktober 1890.
Ischl, 28. Juli 1891: „Innigsten Dank für die gelungene Photographie der ausgezeichneten Teufel. Das wunderhübsche Bild erinnert mich lebhaft an unsere gemüthlichen Diners und Frühstücke in der Helenenburg und an die guten Tage, die ich mit Dir in Gastein zubrachte."
93 HWA 1881, 69.
94 OMeA 1885, 27/A/2.
95 OMeA KE, 1894, K 74, fol. 560.
96 OMeA KE, 1885, K 47, fol. 60.
97 Ein Loth sind 17,5 Gramm, ein Pfund 56 Dekagramm [560 Gramm] und ein Seidel 0,35 Liter.
98 Originalhandschrift eines Hofkochs aus dem Nachlaß von Hofkoch Markus Bieberbach.
99 OMeA 1909, 27.
100 HWA 1864, 16/5.
101 OMeA 1874, 27.
102 OMeA 1885, 27/A/16.
103 OMeA 1887, 27.
104 OMeA 1900, 25/S/2.
105 OMeA 1881, 27/a/16.
106 NZA 1860, Hoffeiern, r. VII.
107 Mit Gänseleber.
108 Niederleuthner, S. 17–18.
109 OMeA KE, 1863, K12, fol 445.
110 HWA 1867, 24 (Krönungsakten).
111 Geflügelsuppe mit gedünstetem Salat.
112 Als Garnitur weiße Bohnen mit Sauce bretonne (Weißweinsauce mit Obers, gedünstetem Lauch, Zwiebeln, Sellerie und Tafelpilzen).
113 Teigtörtchen gefüllt mit Kastanienpüree, vermischt mit weißem Zwiebelpüree und harten Eidottern, belegt mit gebackenen Zwiebelringen.
114 HWA 1867, 24 (Krönungsakten).
115 Salat von Erdäpfeln, Essiggurkerln, roten Rüben, grünen Fisolen, Artischockenböden, Sellerieknollen, geschnittenem Hühnerfleisch und gebratenem Fleisch mit Senfmayonnaise; garniert mit Trüffelscheiben, harten Eiern und Salatherzchen.
116 Gedünstetes Fleisch mit Auberginen.
117 Kraftsauce (Demi glace) mit Butter, Tomatenpüree, Tafelpilzen, Estragon und Kerbelkraut.
118 Hirn gebacken mit Trüffelsauce.
119 OMeA KE, 1868, K 21, fol. 547.
120 Zerem. Prot. 1872.
121 Hühnersuppe mit Trüffeln und Spargelspitzen.
122 Champignonragout mit Gänseleber, Zunge, Trüffel und Madeirasauce.
123 Garniert mit Käsekrapferln: durchpassierter Camembert vermischt mit Eigelb und Béchamelsauce.
124 Gefüllt mit Hühnerfleisch, Trüffeln und Zunge in Trüffelsauce, belegt mit Zungenscheibe.
125 Zerem. Prot. 1874.
126 Kalbsbries in Butter braten, auf einer Seite mit in Scheiben geschnittenen Champignons, dick mit Béchamel und Ei gebunden, hoch bestreichen, mit Bröseln bestreuen, mit Butter beträufeln, fertigbraten, Kalbssaft mit Trüffelscheiben herumgeben.
127 HWA 1875, 74.
128 lb ist die Abkürzung für Pfund = 56 Dekagramm [560 Gramm]
129 NZA, r. VII, 1882/108.
130 OMeA KE 1884, K 44, fol. 748.
131 OMeA KE, 1886, K 50, fol. 556.
132 Hamann, S. 299.
133 Verlorene Eier auf gebackenen Duchessekartoffeln gefüllt mit Hühnerpüree und mit in Cognac geschwungenen Trüffelstücken, übergossen mit Sauce hongroise.
134 Masthuhn gefüllt mit Gansleber und Trüffeln, weiß gedünstet; Sauce suprême (weiße Geflügelsauce mit Obers) mit Hahnenkämmen, Hühnernieren, Tafelpilzen und Trüffeln.
135 Das Restaurant *Noël et Patard* befand sich im Grand Hotel von Monaco.
136 Gebratenes Fleisch auf Artischockenböden angerichtet; Beilage: Erdäpfelkroketten; Saft mit Estragonauszug.
137 Mit in Maraschinolikör getränkten Makronen garniert.
138 OMeA KE, 1894, K 75.
139 Ibid.
140 OMeA KE, 1896, K 84.
141 OMeA 1897, 65/B/3.
142 Diese Informationen erhielt die Autorin von Frau Elisabeth Sotier, einer Nachfahrin des Kurarztes Kaiserin Elisabeths.
143 Ibid.
144 Ibid. Der Brief zeigt, daß Kurarzt Sotier beauftragt wurde, die Vorkehrungen für die Mahlzeiten der Kaiserin zu treffen.

Die deutsche Bibliothek - CIP-Einheitsaufnahme
Haslinger, Ingrid: Tafeln mit Sisi : Rezepte und Eßgewohnheiten
der Kaiserin Elisabeth / Ingrid Haslinger. -
Wien : Brandstätter, 1998
ISBN 3-85447-811-9

1. Auflage 1998

Die graphische Gestaltung des Werkes stammt von Christian Brandstätter,
der Entwurf des Schutzumschlages von Peter Manfredini.
Das Lektorat besorgte Angelika Matzka,
die technische Herstellung Franz Hanns.
Die Gesamtherstellung erfolgte bei Grasl Druck & Neue Medien, Bad Vöslau.

eine publikationsreihe der museen des mobiliendepots, Band 6

Abbildungsnachweis:
Archiv Bad Kissingen S. 26; Bibliothèque de Cessole, Ville de Nice S. 30;
Austrian Archives/Dr. Christian Brandstätter, Wien S. 21 o. und u.;
Haus-, Hof- und Staatsarchiv S. 15 u., 18, 32 o., 38 u.,
39, 48 o., 59, 67, 69, 70, 72; Ingrid Haslinger S. 10, 31, 34 o., 40 u., 43, 47;
Kunsthistorisches Museum Wien S. 13, Abbildung auf dem Umschlag; Martin Charles S. 15 o.;
Museen des Mobiliendepots S. 28, 36; Privatbesitz S. 21 Mitte, 40 o., 55;
Ehemalige Hofsilber- und Tafelkammer, Wien S. 8 (Photo Peter Lehner), 9, 11, 12, 14, 16, 17, 20, 24 (Photo Peter Lehner),
25, 29, 53 Mitte, 32 u., 33, 34 u., 35, 37, 38 o., 41, 44, 45, 46, 48 u., 49, 51, 52, 56, 57 o. (Photo Peter Lehner), 57 u., 60, 61, 64,
66, 68, 71, Abbildung auf dem Umschlag


ISBN 3-85447-811-9

Christian Brandstätter Verlagsgesellschaft m. b. H.
1080 Wien, Wickenburggasse 26
Telephon (+43-1) 408 38 14
Fax (+43-1) 408 72 00
e-mail: books@cbv.co.at

Außerdem im

Verlag Christian Brandstätter

erschienen:

*Brigitte Hamann und Elisabeth Hassmann (Hg.)*

Elisabeth

*Stationen ihres Lebens*

*Gerda Mraz und Ulla Fischer-Westhauser*

Elisabeth

*Wunschbilder oder Die Kunst der Retouche*

*Renate Daimler (Hg.)*

„Frei sollen die Frauen sein …“

*Gedanken der Kaiserin Elisabeth von Österreich*

## Sony präsentiert

Michael Heltau liest Geschichten und aus Briefen der Kaiserfamilie und von Katharina Schratt. Margit Maurer und Otto Clemens erläutern historische Stationen der Kaiserin und geben überdies Ausschnitte aus den Tagebuchaufzeichnungen von Constantin Christomanos wider. Die Originalstimme von Kaiser Franz Joseph wird ebenso dokumentiert wie themenbezogene musikalische Beiträge.

Diese CD erschien auf Columbia 489834 von Sony Music.

Kaiserin Elisabeth inspirierte und inspiriert bis in die Gegenwart Komponisten sonder Zahl. Als Ergänzung zur CD *Historischer Klangbogen* finden Sie auf dieser CD ein breites Spektrum musikalischer Beiträge, die von Richard Strauß über Gustav Mahler, das Schrammel-Quartett bis zum Musical Elisabeth reichen. Dargeboten von einer Reihe bekannter Interpreten und internationaler Orchester ist diese CD ein *Must* im Sisi-Jahr.

Diese CD erschien auf Columbia 491006 von Sony Music.